D1727750

INTERCAMBIOS CULTURALES ENTRE ESPAÑA Y ALEMANIA EN EL SIGLO XIX: ARQUITECTURA, FILOLOGÍA, ESTÉTICA, CIUDAD

ÁNGEL ISAC MARTÍNEZ DE CARVAJAL
MARÍA OCÓN FERNÁNDEZ
(eds.)

INTERCAMBIOS CULTURALES ENTRE ESPAÑA Y ALEMANIA EN EL SIGLO XIX: ARQUITECTURA, FILOLOGÍA, ESTÉTICA, CIUDAD

GRANADA
2009

Las fotografías de portada corresponden a detalles de:

José García Ayola
Panorámica del centro de la ciudad desde Torres Bermejas (1885-1890). Detalle en el que pueden verse la catedral, el monasterio de San Jerónimo, la iglesia de los Santos Justo y Pastor, y la basílica de San Juan de Dios.
Archivo y Biblioteca del Patronato de la Alhambra y Generalife.

F. Albert Schwartz
Vista desde la torre de la Iglesia Francesa (Französischer Dom) al Gensdarmen-Markt, con la torre del edificio de la Alcaldía de Berlín (Rotes Rathaus), en construcción, y de la Iglesia de San Nicolás (Nikolaikirche) al fondo. En primer plano la Iglesia Friedrich-Werder (Friedrich-Werdersche-Kirche) y la Academia de Arquitectura (Bauakademie) de Karl Friedrich Schinkel y la cúpula de la torre del Palacio de Berlín (Berliner Schloss) en el centro. (1865; 1886).
Staatsbibliothek zu Berlin - Preußischer Kulturbesitz. Signatura: Kart. Y 44.252 –Blatt 15

© LOS AUTORES
© UNIVERSIDAD DE GRANADA.
INTERCAMBIOS CULTURALES ENTRE ESPAÑA
Y ALEMANIA EN EL SIGLO XIX: ARQUITECTURA,
FILOLOGÍA, ESTÉTICA, CIUDAD.
ISBN: 978-84-338-5030-0.
NIPO: 503-09-073-2
Depósito legal: Gr./ 3.537-2009.
Edita: Editorial Universidad de Granada.
        Campus Universitario de Cartuja. Granada.
Fotocomposición: TADIGRA S. L. Granada.
Diseño de cubierta: Josemaría Medina Alvea.
Imprime: Imprenta Comercial. Motril. Granada.

Printed in Spain   *Impreso en España*

En honor al catedrático
Harold Hammer-Schenk.

ÍNDICE

PRÓLOGO

En el marco del convenio entre la Freie Universität de Berlín y la Universidad de Granada han venido celebrándose desde el año 2003 reuniones bianuales de investigadores de ambas instituciones en Alemania y España. El objetivo es la comunicación y el intercambio de experiencias, preferentemente en el campo de la investigación histórica de la estética, la arquitectura y el urbanismo contemporáneos en ambos países, con especial atención al análisis de las relaciones y modelos compartidos por dos sociedades de alta significación cultural y estrecha vinculación histórica.

El presente libro resulta del último de los encuentros celebrado en Berlín el año 2007, con la participación de investigadores de la Facultad de Ciencias de la Historia y la Cultura y el Instituto de Historia del Arte de la mencionada universidad berlinesa y de la E.T.S. de Arquitectura y el Departamento de Historia del Arte de la de Granada. En el nombre de ésta agradecemos tanto la colaboración y el esfuerzo de los profesores de la institución alemana, el catedrático Hammer-Schenk y Dra. Ocón Fernández, en la organización de la reunión científica en Berlín como la de Don Gaspar Cano Peral, director del Instituto Cervantes de Berlín, en cuya sede se desarrolló dentro del proyecto *Habitar la Ciudad*.

La ocasión permitió la celebración de una mesa redonda y un ciclo de conferencias sobre los intercambios entre Alemania y España en arquitectura y urbanismo en el siglo XIX. Un objeto científico abordado desde una compleja perspectiva no sólo histórico-arquitectónica e histórico-artística, sino también filosófico-cultural, estética, filológica y literaria. La variedad de los enfoques y la complementariedad de las posiciones metodológicas constituyen el fundamento de este proyecto de cooperación y definen el espíritu de quienes lo compartimos. Desde su origen el grupo hispano-alemán no ha pretendido sino contribuir a una visión de la historia de la cultura de la modernidad lo más amplia y universal posible, como corresponde a nuestras respectivas tradiciones científicas y culturales. Quienes firman estas contribuciones lo hacen esperando que en ellas pueda el lector hallar siquiera una mínima expresión de este espíritu, en el que deseamos seguir colaborando y trabajando en desarrollo de un convenio que siempre hemos considerado un importante mandato de las instituciones universitarias que lo comprometieran.

Ignacio Henares Cuéllar
Universidad de Granada

ENCUENTROS, COLOQUIOS, DEBATES.
DOS UNIVERSIDADES Y UN CONVENIO

Esta publicación ha surgido y es el fruto del Convenio Marco firmado entre la Facultad de Ciencias de la Historia y la Cultura de la Universidad Libre de Berlín (Fachbereich für Geschichts- und Kulturwissenschaften der Freien Universität Berlin) y la Universidad de Granada en mayo de 2002. Desde esta fecha se han ido celebrando regularmente encuentros de investigadores que, respectivamente, han tenido lugar en estas dos ciudades. El primero de ellos se celebró en Berlín en noviembre de 2003, el segundo tuvo lugar en Granada en octubre de 2005 y el último se celebró en octubre de 2007 de nuevo en Berlín. En estos tres encuentros se puede apreciar un desarrollo tanto en los temas planteados como también en las disciplinas presentes en los mismos.

Basados en las relaciones y en el intercambio cultural y científico entre los dos países, España y Alemania, han sido la arquitectura y el urbanismo, en su más amplio sentido, las que han servido de fundamento a todos ellos. Cronológicamente, se ha partido de nuestro presente más cercano y, retrospectivamente, se ha llegado hasta el siglo XIX. En éste se centró la última actividad desarrollada y a él están dedicados los textos que se recogen en este volumen. En este encuentro se puso igualmente en práctica un modelo a desarrollar en el futuro. La combinación de una mesa redonda y de un coloquio de carácter científico posibilitó, por un lado, tratar la actualidad del urbanismo y la arquitectura del siglo XIX, es decir, su influencia e implicaciones con la ciudad europea del siglo XXI. De ello dan cuenta los textos de los autores participantes en este acto. Por otro lado, en las ponencias del coloquio y en las contribuciones correspondientes se refleja, desde una perspectiva histórica, el intercambio cultural y científico entre los dos países. Arquitectura y ciudad se ubican en un amplio espectro cultural. Desde la estética, la literatura, la arqueología y la filología, la historia del arte y de la arquitectura, los diversos textos recopilados en esta edición, ponen de relieve y tratan los vínculos existentes entre estas dos materias con otras disciplinas cercanas a ellas.

La Facultad de Ciencias de la Historia y de la Cultura y el Instituto de Historia del Arte de la Universidad Libre de Berlín contribuyen con esta publicación al desarrollo de las relaciones entre España y Alemania. Asimismo se espera, dentro del Convenio Marco existente, intensificar el estudio en los campos ya tratados así como abrir nuevas áreas de investigación y conocimientos a considerar en próximos encuentros.

Agradecemos a todas las instituciones que con su ayuda y colaboración han hecho posible tanto las actividades desarrolladas como la realización del presente volumen. Nuestro agradecimiento va dirigido especialmente a la Universidad de Granada y al Instituto Cervantes de Berlín.

Harold Hammer-Schenk
María Ocón Fernández
Kunsthistorisches Institut
Freie Universität Berlin

CONSTRUIR, HABITAR, PENSAR: INTERCAMBIOS CULTURALES ENTRE ESPAÑA Y ALEMANIA EN EL SIGLO XIX

Es para mí una sincera satisfacción ver publicadas las actas del coloquio *Intercambios culturales entre España y Alemania en el siglo XIX: Arquitectura, Filología, Estética, Ciudad*, que, organizado por un grupo interdisciplinar de expertos de la Universidad de Granada y de la Freie Universität Berlin se celebró, con notable éxito científico y de público, el 24 de octubre de 2007 en el Instituto Cervantes de Berlín. Este proyecto permitió al Instituto trabar relación con un grupo hispano-alemán de trabajo del más alto nivel, así como contribuir con contenidos a su iniciativa, al aportar a su espléndida convocatoria académica un debate público que, el día 23 del mismo mes y año, analizó, desde perspectivas españolas y alemanas, la actualidad de los saberes culturales urbanísticos y arquitectónicos del siglo XIX en vista de los retos a los que se enfrenta la planificación urbana y la comprensión del sentido sociocultural del urbanismo. Con este encuentro realizábamos nuestra aportación al proyecto *Habitar la Ciudad*, del Departamento de Cultura de la sede central del Instituto Cervantes, proyecto que se proponía, precisamente desde un punto de vista multidisciplinar, analizar con perspectiva histórica la manera en que se habita y se construye la ciudad en la actualidad, y la manera en que se podría hacer en el futuro siguiendo criterios de sostenibilidad y respeto para con el medio ambiente.

Quiero ahora, muy brevemente, hacer llegar mi gratitud y la de este Instituto al grupo de personas e instituciones sin las que este proyecto no habría sido posible. En primer lugar a todos los participantes en el coloquio, verdaderos responsables últimos de su éxito. Luego también, muy sinceramente, al catedrático Dominik Bonatz, antiguo Decano de la Facultad de Ciencias de la Historia y de la Cultura de la Freie Universität Berlin, al catedrático Harold Hammer-Schenk y a la Dra. María Ocón Fernández, ambos del Kunsthistorisches Institut de la Freie Universität

Berlin, así como al catedrático Ignacio Henares Cuéllar y al Dr. Ángel Isac, de la Universidad de Granada, por su contribución a la gestación intelectual y el desarrollo del proyecto. Gracias asimismo al catedrático Pedro Navascués Palacio y a la Dra. Maria Rubert de Ventós, así como a los urbanistas Dieter Hoffman Axthelm y Jesús de la Torre, por su lúcida participación en el debate mencionado. Gracias finalmente a mi equipo en Berlín y en representación a su responsable, Gonzalo del Puerto, Jefe de Actividades Culturales.

El concurso de personas e instituciones empeñadas en estudiar y dar vida a estudios centrados en el intercambio cultural entre dos países con intereses culturales y científicos tantas veces comunes, ha hecho no sólo posible este coloquio y la publicación de las actas que ahora ven la luz. Ha hecho también posible que ese intercambio sea un foro de reflexión sociocultural crítica de asuntos claves en materia de urbanismo, arquitectura y cultura arquitectónica con la mirada puesta en el futuro.

Gaspar Cano Peral
Director
Instituto Cervantes de Berlín

CONFERENCIAS

CULTURA Y ARTE NACIONAL EN LA ESTÉTICA ROMÁNTICA EN ESPAÑA

IGNACIO HENARES CUÉLLAR
Universidad de Granada

La conformación de un modelo de cultura centrado en la particularidad nacional, de fundamento historicista y carácter subjetivo será la responsabilidad de una revolución epistemológica y estética conservadora como el romanticismo. El proceso representado por ésta supondrá la puesta en práctica de un conjunto de acciones dirigidas a la quiebra y sustitución del modelo clasicista, consecuencia de la pérdida de confianza en su validez universal tanto como de la insatisfacción sentimental y moral que ante el mismo se vive en la sociedad de la crisis de la Ilustración.

Ésta, en efecto, desencadenada por los procesos revolucionarios en Francia representa la primera etapa de otra revolución que, permanentemente insatisfecha con lo político –ya se trate del orden del despotismo ilustrado o de la lucha partidista desencadenada en 1789–, pretende revestir el carácter y las funciones de una nueva revolución espiritual y poética que venga a sustituir el orden racional de la Ilustración, permita superar los errores del espíritu sistemático en el conocimiento y en el establecimiento de las verdaderas relaciones entre el Sujeto y la Naturaleza, y asegure frente al desencanto moral del fin de siglo la supremacía del espíritu en la sociedad y la cultura.

Será precisamente el debate sobre esta última, junto con el que centra las nuevas tesis sobre el conocimiento, el espacio que otorgue una cualidad histórica esencial a la revolución romántica y donde se hagan plenamente visibles los valores de la identidad nacional convertida en estructura fundamental de la primera crítica cultural contemporánea. El principal paradigma de este proceso crítico lo constituye la filosofía de la historia derivada de Herder.

Toda la segunda mitad del siglo XVIII en España va a estar dominada por un proceso de reforma socio-política y cultural, que en el ámbito de la filosofía, la ciencia, el arte o la literatura va a dirigirse esencialmente a la definición e imposición de un modelo público de cultura, laico y moralmente ejemplarizante, soportado por los valores del clasicismo. En la crítica cultural de éste se fundamenta toda la filosofía de la Ilustración en un esfuerzo que alcanza a la filosofía historicista del romanticismo, por cuestionar el origen de la cultura, liberarla de los valores y funciones que la habían dominado durante el absolutismo, al tiempo que la estética clásica y la arqueología hacían soñar con la recuperación de una fuente original, auténtica y universal. Herder y los primeros románticos alemanes basarán la suya en la crítica de esta filosofía, de sus insuficiencias, carácter metafísico, falsa universalidad, ocultación de la realidad histórica, ignorancia de las razones naturales de la cultura, de las superiores razones de la tierra y la sangre que constituyen la sociedad y la nación.

Las dos últimas décadas del siglo XVIII y la primera del siglo XIX, en un proceso que se verá afectado por la incidencia de la revolución francesa y la crisis bélica de 1808, y que se continúa de forma subterránea en España después de la Restauración fernandina o en el exilio liberal, se pondrán las bases de la primera estética y la primera historiografía de carácter nacional. Figuras como Bosarte, Jovellanos o Ceán representan desarrollos críticos que se pueden asimilar a los significados en el mundo germánico por la generación finisecular de los filósofos de la historia o la cultura, Herder, el joven Goethe o los Schlegel. Todos los cuales van a tener una influencia variable en un lapso histórico esencial que va desde la crisis del despotismo ilustrado a nuestras primeras sociedades liberales, tan vacilantes como asediadas, en el segundo tercio del siglo XIX.

Los que de alguna manera podríamos considerar *mutatis mutandis* –porque tal vez sean tan estimables las diferencias como las similitudes– como nuestros *Stürmer* también desarrollaron entre nosotros una importante labor crítica y teórica con objeto de privar a la arqueología clásica de su valor exclusivo, cuestionar la primacía y universalidad del paradigma vitrubiano, afirmar como Herder el carácter distinto y único de las culturas nacionales, –al efecto Isidoro Bosarte reivindicará a los antiguos griegos frente a los romanos o la originalidad de los egipcios–, propugnar la arqueología nacional como harán el mismo Bosarte en su *Viaje anticuario* o Ceán en el *Sumario de las Antigüedades romanas en España*, recuperar la historia medieval y la cultura artística anteclásica estudiando las *Antigüedades árabes de Córdoba y Granada* (1800) o la Edad Media cristiana tal como harán Hermosilla, Llaguno y Jovellanos, o reivindicar el denostado Siglo de Oro barroco español, uno de los objetos teóricos del propio Schlegel, en lo que las últimas décadas del siglo XVIII representarán un primer y decisivo paso histórico. La sociedad española del despotismo ilustrado vivirá convulsiones semejantes a la germánica a raíz de la ocupación napoleónica y retrocesos importantes en lo social, lo ideológico y lo cultural como consecuencia de la Restauración del absolutismo. De resultas de ambos el itinerario seguido por la cultura nacional y la filosofía de la historia en el cambio de siglo se verá sometido a una seria fisura, una existencia languideciente o subterránea, una difícil continuidad en el exilio, o bien quedará en manos de los viajeros románticos que revisitan la obra de los pensadores dieciochescos tardíos a la luz de las experiencias y las estéticas nacionales de sus hogares de origen.

Los objetos de la apreciación, el conocimiento o la recreación artística y literaria de estos últimos se van a "nacionalizar", o con más propiedad volverán a naturalizarse, gracias al esfuerzo de la primera generación romántica liberal en España, a partir de 1833. Con raras excepciones, apenas pueden hallarse entre los pensadores que la constituyeron rasgos de radicalismo. En su generalidad se hallan encuadrados dentro de un modelo de pensamiento muy hispánico que se conoce como *doctrinarismo*, que es la versión española de la filosofía política francesa de la Monarquía de Julio de 1830, el eclecticismo del *juste milieu*. La amarga lección del exilio, las frustraciones de la historia contemporánea española, la crítica generalizada de los excesos revolucionarios considerados como consecuencias de un proceso histórico antiespañol, les hicieron preconizar un liberalismo posibilista y contrarrevolucionario.

La revolución habría sido una realidad extraña a la verdadera "alma nacional", –un concepto originado en H. Heine y de gran trascendencia en el mundo hispánico–, por lo que la cultura del liberalismo romántico se veía impulsada a mostrar las bases naturales de la auténtica sociedad, los fundamentos particulares de la nación y la cultura. Las razones de esta revolución conservadora vinieron a acrecentarse como consecuencia de los hechos traumáticos que para la sociedad liberal ilustrada supusieron las desamortizaciones y el expolio, con destino a las sociedades europeas de su época, de una parte esencial del Patrimonio histórico. Tales fueron las circunstancias en las que se constituyó la arqueología romántica española.

Representa ésta la indagación romántica sobre la identidad nacional, un esfuerzo a la vez epistemológico, estético, moral y político, en cuya intensidad influyen las extraordinarias dificultades del Estado liberal, los avatares de la guerra civil y la necesidad de cohesionar una sociedad desestructurada por la larga agonía del Antiguo Régimen, ilustrándola en los nuevos valores nacionales de un liberalismo moderado. Desde

Recuerdos y Bellezas de España, la empresa de F. J. Parcerisa y Pablo Piferrer, en la que participará la casi totalidad de los historiadores, artistas e ideólogos más notables del historicismo romántico, como Piferrer, Quadrado, Madrazo, Pi i Margall, etc., hasta el ya tardío *Museo Español de Antigüedades*, de Rada y Delgado, un verdadero *Handbuch* prepositivista, sin olvidar el amplio acervo de las revistas románticas, la obra de constitución de una moderna imagen historiográfica de nuestra cultura nacional, que alumbrará el sentimiento de su patrimonio, culminará la patriótica labor de los ilustrados tardíos. Con no menores dificultades, si bien de otra índole.

La generación romántica dirige sus esfuerzos hacia la definición de una nueva metodología que, partiendo de una base nacional, examine las claves históricas a la luz de la filosofía. Será algo que Francisco Pi y Margall, uno de los más importantes introductores en nuestro país del pensamiento idealista alemán, plantee en sus dos artículos publicados en la revista *El Renacimiento*. *"No hay época* –afirma en el titulado *Una ojeada a la historia del arte monumental,* 17 de mayo de 1847– *en que la arquitectura no sea un vivo reflejo de la naturaleza del terreno, del carácter, de las instituciones y los adelantos de los pueblos"*.

Los románticos alemanes, a partir de Herder habían soportado una nueva filosofía de la cultura sobre la idea de *nación*, que Pi y Margall refleja en sendos artículos dedicados a la arquitectura egipcia e india. Ve a los monumentos constituidos en auténtica *voz de los pueblos*; por lo que, si la Historia explica la marcha monumental de los imperios, los monumentos pueden a su vez corregir la historia. La reivindicación de la legítima originalidad de las naciones va a excluir la comparación, que no es un juicio de valor admisible;

La significación de un historiador como José Caveda en este panorama será esencial, como ejemplo de una filosofía de la cultura encaminada a mejorar la "moralidad de la sociedad y el individuo", desarrollada ya dentro de los parámetros eclécticos y positivistas que van a dominar la segunda mitad del siglo XIX frente al clasicismo unitario del setecientos. Su obra *Ensayo histórico sobre los diversos géneros de arquitectura*, publicada en Madrid en una fecha tan significativa como 1848, constituye un verdadero manifiesto de las categorías y el papel atribuido a la crítica en ese momento. La base del ensayo de Caveda sería precisamente la renovación del pensamiento arqueológico, en unos términos fundamentalmente eclécticos, al iluminar la antorcha de la filosofía y del genio no sólo el estudio de los monumentos clásicos, sino sobre todo la Edad Media, período en el que domina el espíritu y en el que se fundamenta la nacionalidad y la diferencia. Una Edad Media que contempla como aspecto esencial, junto a las fábricas románicas y góticas, el arte del

Islam, al que estima pleno de *"inapreciables cualidades,...que serán siempre una prueba del carácter y la civilización de sus constructores y un importante objeto de estudio para el artista y el arqueólogo".*

La originalidad, la diferencia, va a ser para Caveda una categoría esencial, pues frente al carácter unívoco del clasicismo, ante su rigidez primordial, y su difusión indiscriminada por todas las naciones, el crítico señala que *"un género dado de arquitectura representa a una civilización...participa de su espíritu".* El historicismo de raíz hegeliana será así la base del manifiesto medievalista, siendo válido asimismo en la justificación de la estima por lo clásico, que en igualdad con cualquier otro estilo, perdida su exclusividad, se comprende dentro del espíritu que lo ha creado. Así escribirá: *"El paganismo respira en el Partenón, y las inspiraciones del dogma cristiano en los sublimes espacios de la Catedral de Colonia".*

Las teorías de Herder sobre la originalidad y la diferencia, la igualdad de las civilizaciones, la exclusión de lo absoluto como juicio crítico, van a encontrar por lo mismo una espléndida vía de difusión de la nueva cultura artística en los textos de José Caveda, y con ellas del historicismo ecléctico, que va a definirse desde su eclosión ilustrada como el principal argumento material y moral de la modernidad:

> *"Distintos gustos y civilizaciones* –escribe Caveda–, *sacudimientos sociales que cambiaron la faz del mundo, grandes y encontrados intereses, concurrieron a esta maravillosa creación, imprimiéndole el sello de la originalidad que distingue a las varias naciones afanadas en producirla, las cuales dejaron en ella profundos rasgos de su existencia. En esos momentos el filósofo y el arqueólogo columbran...el espíritu de la sociedad a cuyo brillo contribuyeron, y la fuerza de la inteligencia puesta en acción por sus ideas y necesidades".*

La profunda cimentación filosófica de la nueva historiografía arquitectónica es reivindicada por el crítico con mayor intensidad aún que la que se puede observar en los escritos de otros románticos. La defensa apasionada de la verdadera arqueología frente a los "incansables anticuarios" prosigue, como se ve, más adelante en el *Ensayo histórico*:

> *"Ignorábase entonces* –escribe– *una verdad, que la filosofía aplicada a los estudios históricos ha demostrado en nuestros días; esto es, que habiendo llenado cada pueblo una función especial en la gran obra de los progresos generales de la humanidad entera, nunca con fundamento se podrá deducir la superioridad especial de una sociedad sobre otra, la superioridad absoluta de esta sobre todas. Procediendo sin embargo*

el siglo XVIII de lo particular a lo general, porque la antigüedad era bella y admirable en sus obras, ha querido falsamente establecer, que los preceptos de su construcción, debían constituir y dominar el arte mismo, ser únicos y exclusivos, sin miramientos a las circunstancias, a las localidades, a las costumbres y a los tiempos. La arqueología, la historia y las artes, al apoderarse de esta idea, no hallaron por desgracia para el lenguaje de la arquitectura, ni una sola expresión con que enriquecerle, en las fábricas de los godos y de los árabes; en esas fábricas cuyas belleza ni aun llegaron a sospechar siquiera los griegos y los romanos".

Así en el momento de paso del romanticismo al positivismo quedaban establecidas las bases filosóficas, sociales y culturales de la moderna historiografía en un proceso que culminaba la revolución conservadora, moral y estética, iniciada en la fase final, de crisis, de la Ilustración.

STÄDTEBAUREFORMEN IM AUSGEHENDEN 19. UND FRÜHEN 20. JAHRHUNDERT: SPANIEN – DEUTSCHLAND

HAROLD HAMMER-SCHENK
Freie Universität Berlin

Reformen der alten Stadt gehörten in Europa spätestens seit der Mitte des 19. Jahrhunderts zu den dringendsten Notwendigkeiten. Landflucht und Bevölkerungszunahme, die Herausbildung eines Proletariats, das billigen Wohnraum brauchte und diesen nur in den Altstädten finden konnte, neue hygienische Bedingungen, eine neue Rolle von Mobilität, also des Verkehrs und damit der Erschließung der Stadt, forderten eingreifende Maßnahmen. In keiner europäischen Stadt sind heute die unglaubliche Enge, der Dreck und Gestank, der Lärm und die Armut der Altstädte um 1850 nachvollziehbar. Alte Pläne von Genua oder Prag aus der Zeit um 1820 geben Eindrücke, Stadtansichten etwa aus Paris lassen die klein- bis kleinstteilige Bebauung und Enge, die Baufälligkeit von Altstadthäusern erkennen, lassen erkennen, dass es nur selten eine einfache, geschlossene Kanalisation gab.

Diese Zustände fanden, wie bekannt, zunächst in keiner Stadt eine so radikale Änderung wie in Paris. Napoleon III., 1852 Kaiser, brauchte eine strahlende, moderne, funktionierende Hauptstadt um seine neue Macht zur Schau zu stellen und sich zu legitimieren. In Paris wurde zunächst ab 1853 eine Art innerer Stadterweiterung vorgenommen, indem eine Reihe wichtiger Straßen, breit, gerade, repräsentativ im zukünftigen Ausbau, durch die Altstadt geschlagen wurden. Verschönerung, Verkehrserschließung, soziale Bereinigung zu Gunsten von Adel und Bürgertum, Stadthygiene, und militärische Strategien spielten dabei eine Rolle. Das angewandte stadtplanerische System war bekannt und bewährt. Seine Grundformen stammten aus der Erschließung und Wegeführung der großen Parkanlagen des späten 17. und 18. Jahrhunderts und aus den damit zusammenhängenden städtebaulichen Monumentalisierungen von Schlössern. Versailles ist das bekannteste Beispiel sowohl in der Gartengestaltung als auch in der Erschließung des Schlosses von der Stadtseite. Ebenso war der Bois de Boulogne durch Stern- und Fächerplätze, durch Rondelle und Diagonalstraßen erschlossen. Mit diesen Systemen konnte die Stadt großzügig geöffnet werden. Öffentliche Gebäude oder Kirchen gewannen eine prominente Stellung. Kaum ein Gebäude ist dabei städtebaulich so herauspräpariert worden wie die Oper Garniers – vor allem vom Louvre aus über die Av. de l'Opera, deren Anlage unzählige kleine Häuser zum Opfer fielen.

Das Beispiel von Paris bot erstens die Rechtfertigung, ähnliche Maßnahmen zum Aufbrechen der alten Zentren in unzähligen Städten durchzuführen. Geradezu willkürlich herausgegriffen seien die Pläne für einen Durchbruch der späteren Rue Impériale in Marseille – bombastisch im Entwurf von 1860, etwas zurückgenommen im Instrumentarium 1862.[1] Ebenso beiläufig gewählt ist die Planung für die völlig gerade Anlage der König-Johann-Str. vom Altmarkt nach Westen in Dresden, natürlich unter Verlust vieler alter Häuser (1885).[2]

Als zweite Folge der Umstrukturierung in Paris sind die städtebaulichen Figurationen in den äußeren Stadterweiterungsgebieten zu nennen. Das ist in einer nicht einheitlichen Weise am großen Fluchtlinienplan von James Hobrecht für Berlin von 1862 zu sehen.[3] Das gesamte Pariser Repertoire wird eingesetzt und relativ willkürlich über das Erschließungsgebiet verteilt, wobei allerdings auf alte Ausfallstraßen und z.B. auf die Fließrichtung der zukünftigen Schwemmkanalisation Rücksicht genommen wurde. (Abb. 1)

Große Partien bleiben dabei einem einfachen Rastersystem verhaftet – vor allem im Nordosten. Andere Flächen, wie im zukünftigen feineren Westen, z.B. im Bereich Kurfürstendamm-Kantstraße-Savigny-Platz erhalten aufwendige Figurationen. Die z.T. riesigen Flächen zwischen den festgelegten Straßen sollten von der privaten Grundstücksspekulation erschlossen werden. In den westlichen Bereichen geschah das in lockerer Bebauung bis zur Villa hin. Im Norden und Osten bildete sich als Folge der Spekulation eine intensive Ausnutzungen durch dichte Hofbebauung heraus.

---

1. Marcel RONCAYOLO, «La Croissance urbaine», in: Marie-Paul VIAL, *Marseille au XIXème siècle. Rêves et Triomphes*, Marseille 1991, S. 21-41.

2. Robert WUTTKE (Hrsg.), *Die deutschen Städte. Geschildert nach den Ergebnissen der ersten deutschen Städte-Ausstellung*, Leipzig 1904, S. 39, Abb. 1.

3. Klaus STROHMEYER, *James Hobrecht (1825-1902) und die Modernisierung der Stadt*, Potsdam 2000.

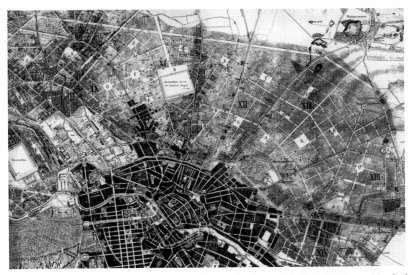

1. James Hobrecht, Erweiterungsplan für Berlin, nordöstlicher Teil, 1861/1865, aus: Manfred Hecker, Die Bauwerke und Kunstdenkmäler von Berlin. Bezirk Kreuzberg, Karten und Plänen, Berlin 1980, T. 20.

Das theoretisch-praktische Repertoire für solche Erweiterungen stellte 1876 in Deutschland Reinhard Baumeister, Professor an der TH Karlsruhe, mit seinem Buch „Stadterweiterungen in technischer, baupolizeilicher und wirtschaftlicher Beziehung" zusammen. Er will die Stadt reformieren und fordert dezidiert eine Zonenplanung. Industrie, Geschäfte und Wohnen müssen getrennt werden. Das Wohnen unterschiedlicher sozialer Schichten in gemischten Vierteln müsse gefördert werden. In seinen stadtgestalterischen Entwürfen folgt Baumeister aber weitgehend den Pariser Vorgaben einer monumentalisierten Planung. Seine Vorschläge für Platzgestaltungen bieten vor allem die Flächen für die Schaustellung großer Gebäude und Denkmäler, erschlossen durch Diagonalstraßen, die sternförmig die Plätze kreuzen. Selten blockiert eine Platzwand den Blick.

Der vehementeste Verfechter dieser großen Systeme, vor allem der Diagonalstraßen, war zunächst Joseph Stübben, der renommierteste deutsche Stadtplaner der zweiten Hälfte des 19. Jahrhunderts. 1879 verfasste er einen langen Aufsatz über Paris. Dabei geriet ihm der Abschnitt über die Diagonalstraße, geradezu zum Hymnus auf diese Form.[4]

---

4. Joseph STÜBBEN, «Paris in Bezug auf Straßenbau und Stadterweiterung», in: *Zeitschrift für Bauwesen* 29, 1879, Sp. 377-412, bes. Sp. 385-387.

Stübben hatte 1880 den Wettbewerb um die Stadterweiterung Kölns gewonnen. Nach dem Vorbild von Wien sollte in weit größerem Maßstab um die Altstadt ein Ring von Neubauvierteln gelegt werden. Dazu setzte Stübben den gesamten Fundus an Formen für Plätze und Straßen ein, wie sie in Paris Anwendung gefunden hatten und wie er und Baumeister ihn entwickelt hatten. Das Gebiet wird mit repräsentativen Straßenführungen überzogen und jede Straßenkreuzung gerät zur aufwendig gestalteten Figuration. Zu Gute muss man ihm halten, dass er etwa Parkanlagen in sein System einbindet.[5] Ein System, das auch mit dem Erfolg des Kölner Modells international zum Standard wurde.

Allgemein bekannt ist, dass der Wiener Architekt Camillo Sitte versuchte, diesen Planungsmethoden Grenzen zu setzen. Nicht nur mit seinem phänomenal erfolgreichen Buch „Der Städtebau nach seinen künstlerischen Grundsätzen",[6] sondern auch mit gutachterlichen Stellungnahmen zu zahlreichen Erweiterungsprojekten.[7] Was wollte Camillo Sitte? Der Titel seines Buches macht es deutlich: Reformen im Städtebau, wobei er Stadtplanung nicht auf technischem Gebiet sah, sondern als künstlerische Aufgabe verstand. Seine Vorschläge beruhten fast immer auf alten Vorbildern, auf alten Wegeführungen, auf alten Grenzziehungen und auf alten Besitzverhältnissen. Darin war er Reformer auf historischer Basis.

Ein Beispiel muß genügen. Stübbens Kölner Stadterweiterung wurde erfolgreich durchgeführt. Sitte benutzte gerade dieses plakative Projekt, um in Form von ‚contrasts' – wie es Pugin gesagt hätte – seine Verbesserungen zu verdeutlichen. Ein Abschnitt aus Stübbens Köln-Plan zeigt die neuen Forderungen.[8] Er bezieht sich auf die Anlage von Nebenstraßen für den repräsentativen Hohenzollernring: Die großen Sternplätze werden gestrichen, die Zufahrt zum Gebiet vom Ring wird verengt, durchgehende Straßen werden gekrümmt, sie laufen nicht mehr als repräsentative Achse über Plätze, sondern werden gebrochen. Straßen schneiden nicht mehr willkürlich alte Flurstücke, sondern Sitte versucht, sie entlang oder parallel zu den alten Besitzgrenzen zu legen. Die Flurstücke werden nicht mehr diagonal in nutzlose Fetzen zerlegt, sondern rechtwinkelig geschnitten, so dass eine Verwertung leichter möglich ist. (Abb. 2) In

5. Hiltrud KIER, *Die Kölner Neustadt. Planung, Entstehung, Nutzung*, Düsseldorf 1978.
6. Camillo SITTE, Der Städtebau nach seinen künstlerischen Grundsätzen, Wien 1889, ²1889.
7. George Roseborough COLLINS, *Camillo Sitte, The Birth of modern City Planning*, New York 1986.
8. Camillo SITTE, «Enteignungsgesetz und Lageplan», in: *Der Städtebau. Monatsschrift* 1, 1904, S. 5 ff., bes. S. 17 u. T. 1.

einem zweiten Abschnitt aus Stübbens Plan von Köln zeigt Sitte wie das
öffentliche Grün vergrößert und in diesem Bereich noch mehr Straßen
blind endend angelegt werden könnten.

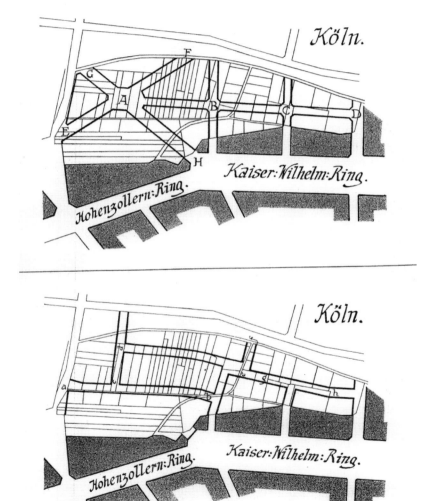

2. *Camillo Sitte, Enteignungsgesetz und Lageplan, aus: Der Städtebau, 1. 1904, H. 1, S. 5-8;*
H. 2, S. 17-19; H. 3, S. 35-39, T. 1.

Sittes Ideen erfuhren breite Zustimmung, ja, begeisterte Aufnahme. Das schien der Befreiungsschlag gegen die seelenlose Großstadt und ihre immer gleichen Formen und Formeln zu sein. Sitte schien einen Weg zurück und nach vorne zu bieten, d.h. zur Stadt als Heimat. Seine Vorschläge lieferten dann auch Material für die Anhänger der Gartenstadtbewegung. Howards Buch, in dem er erstmals die Idee der Gartenstadt breit publizierte, war 1898 mit dem Titel „To-morrow" erschienen. Erst die zweite Auflage von 1902 hieß dann „Garden – Cities of tomorrow". Der wichtigste Theoretiker und Praktiker der Gartenstadt in England, Raymond Unwin, übernahm für sein großes Handbuch des Städtebaus von 1909, „Town Planning in Practice", Ideen und Abbildungen von Sitte.[9]

Als Karl Henrici, Professor an der TH Aachen, 1893 den Wettbewerb um die Stadterweiterung von München unter zurückhaltender Anwendung von Sittes Ideen gewann, bedeutete das die Entscheidung für das neue System in einem viel beachteten Projekt.[10] Henrici plante durchaus lange Durchgangsstraßen aber sie waren nahezu alle gekrümmt. Seine Plätze erhielten durchweg unregelmäßige Formen – malerische Stadtbilder sollten entstehen. (Abb. 3) In Detailplänen sah das dann so aus: Ein zentraler Platz mit Rathaus und Theater erhielt vor- und zurückspringende Platzbegrenzungen, keine einheitlichen Wände. Selbst ein Domplatz sollte schief zueinander stehende, große öffentliche Bauten erhalten. Malerische Wirkung war angestrebt, altstädtisches Flaire, eine gewisse Enge war gesucht. Mit anderen Worten: Mit einem historischen Rückgriff auf die alte Stadt sollte das laute, monumentale, verkehrsgerechte Modell zurückgebaut und damit modernisiert werden. Dazu paßte natürlich der historistische Stil der Einzelbauten.

Wenn diese großflächigen Stadterweiterungen in München und anderen Städten in Deutschland auch nicht einheitlich durchgeführt wurden, so gab es doch eine Fülle von Detailplanungen nach den neuen Grundsätzen. Einige Beispiele seien hier erwähnt: In München boten die Planungen für Arnulf- und Prinzregentenstraße im östlichen Abschnitt mit ihren nun wechselnden Straßenbreiten, mit unregelmäßigen Erweiterungen, mit den abknickenden Einmündungen von Nebenstraßen das neue Bild.[11] In Berlin wird die Rasterplanung von Westend von 1865 in der Erweiterung um 1900 mit krummen Straßen den neuen Grundsätzen angepaßt. (Abb. 4)

---

9. Raymond URWIN, *Town Planning in Practice. An Introduction to the art of designing cities and suburbs*, London 1909; dt. Berlin 1910.
10. Karl HENRICI, *Preisgekrönter Konkurrenz-Entwurf zu der Stadterweiterung Münchens*, München 1893. Ders., «Lange und kurzweilige Straßen», in: *Deutsche Bauzeitung* 27, 1893, S. 271-274.
11. Robert WUTTKE (wie Anm. 2), S. 53, Abb. 32, 33.

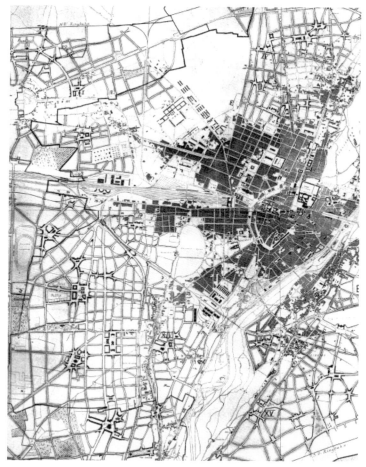

3. Karl Henrici, Plan für die westliche und südliche Erweiterung Münchens, aus: Karl Henrici, Preisgekrönter Konkurrenzentwurf zu der Stadterweiterung Münchens, München 1893, Tafelanhang.

Altstadtdurchbrüche wie in Frankfurt a.M. nördlich des Domes oder die Anlage der Mönckebergstraße in Hamburg als neue Hauptgeschäftsstraße durch die Altstadt, geschehen jetzt in Form von geschwungenen Straßen, sozusagen in Form einer „line of beauty".[12] Im Kleinen planen andere

---

12. Zu Frankfurt vgl.: Joseph STÜBBEN, *Der Städtebau*, Leipzig, 3. Auflg., 1924, S. 494-495; zu Hamburg vgl.: Fritz SCHUMACHER, *Das Entstehen einer Großstadtstraße*, Braunschweig 1922.

Architekten Wohnblöcke mit gebrochenen Blockrändern; beim Betreten des
Hofes hat der Ankommende ein Gegenüber, erkennt aber nicht sogleich
den weiteren Verlauf des Hofes. Beispiel: Paul Mebes Wohnanlage in
Berlin-Steglitz (Fritschweg) von 1908.[13]
   Die große Städtebauausstellung in Berlin 1910 war ein Forum
für derartige Pläne.[14] Allerdings erfuhr die Überbewertung dieser oft
winkeligen, „künstlerischen" Gestaltungen auch Kritik dahingehend, dass
die Rolle des Verkehrs nicht ausreichend berücksichtigt, an der Peripherie
eine Bebauung und Gestaltung wie im Stadtzentrum vorgesehen und eine
Staffelung und Gliederung des Stadtbildes vielfach nicht beabsichtigt
sei.

*4. Berlin-Charlottenburg, Westend, Plan von 1910, aus: Irmgard Wirth, Die Bauwerke und
Kunstdenkmäler von Berlin. Stadt und Bezirk Charlottenburg, Berlin 1961, Abb. 12.*

Der wichtige städtebauliche Wettbewerb „Groß Berlin" von 1909-
1910 sollte für die Hauptstadt die künstlerischen, sozialen und
verkehrstechnischen Erfordernisse einer Großstadt berücksichtigen.[15]

   13. Albert GEßNER, *Das deutsche Miethaus*, München 1909, S. 7-13.
   14. Werner HEGEMANN, *Der Städtebau nach den Ergebnissen der Allgemeinen
Städtebau-Ausstellung in Berlin*, 2 Bde., Berlin 1911-1913.
   15. Wolfgang SONNE, *Representing the State. Capital City Planning in the early
twentieth Century*, München 2003, S. 101-140.

Ohne auf die lokal bedeutsamen Details eingehen zu können, seien nur grobe Strukturen angesprochen. Der Gewinner des ersten Preises, Hermann Jansen, hatte vor allem eine neue Verkehrserschließung der gesamten Stadt geplant, die natürlich die zentrale Rolle Berlins als Knotenpunkt berücksichtigte und somit auf die Stadt zentrierte Zufahrten bot.[16] Wichtig war ihm aber auch die innerstädtische Erschließung. Dafür wählte er die Verbreiterung bestehender Straßen und die Anlage neuer Verkehrswege: Alle entstanden in geschwungener, gekurvter Form. (Abb. 5) Plätze erhielten unregelmäßige Umrisse. Bei der Anlage von Wohnvierteln plädierte er, im Gegensatz zu Mebes Bauten in Steglitz, für eine nur z.T. offene Blockrandbebauung an krummen Straßen mit wechselnder Breite. Repräsentative Viertel mit Staatsbauten wollte er auf die weit abgelegene ehem. Domäne Dahlem verlegen und dort in die Form einer repräsentativen Axialität fassen.

Andere Preisträger, wie Bruno Möhring und Rudolf Eberstadt, sahen dafür den zentraler gelegenen Spreebogen am Reichstag vor und plädierten für eine streng herkömmliche Monumentalisierung.

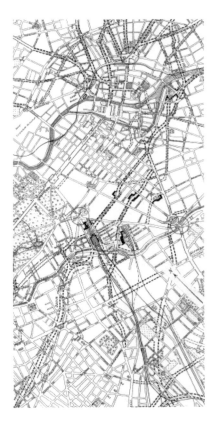

5. Hermann Jansen, Die Anlage neuer Straßen in Berlin, 1910, aus: Albert Hofmann, Groß-Berlin, sein Verhältnis zur modernen Großstadtbewegung und der Wettbewerb zur Erlangung eines Grundplanes für die städtebauliche Entwicklung Berlins und seiner Vororte im zwanzigsten Jahrhundert, in: Deutsche Bauzeitung, 44. 1910, S. 169 ff., S. 185.

Eine solche fand, ins Extrem gesteigert, in den Plänen des 4. Preises statt. Der Gewinner, Bruno Schmitz, sah drei Großzentren vor. Eines als „Monumentalviertel" und „Forum der Kunst" mit Markthalle im Norden, eines als zentralen Bahnhofsbereich um den Potsdamer Platz und eines

16. Hermann JANSEN, *Vorschlag zu einem Grundplan für Groß-Berlin von Hermann Jansen, Architekt*, München 1910.

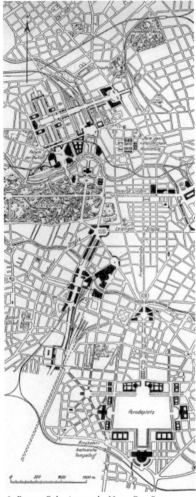

6. *Bruno Schmitz et al., Neue Straßen und Plätze in Berlin, 1910, aus: Hans Schliepmann, Bruno Schmitz, Berlin 1913 (13. Sonderheft der Berliner Architekturwelt), S. 117.*

am Tempelhofer Feld mit einem riesigen Sportgelände.[17] (Abb. 6)

Mit der Preiskrönung von Jansen war jedoch kurz vor dem Ende des Kaiserreichs die monumentale Stadt, die imperiale Hauptstadt in den traditionellen Formen der geraden Achsen und riesigen Foren auf die hinteren Plätze gesetzt worden; die Reform hatte mit Jansens Beitrag einen ihrer größten Siege davongetragen.

Was in der zweiten Hälfte des 19. Jahrhunderts in Deutschland das Vorbild von Paris mit seinem städtebaulichen Vokabular bedeutete, dem entsprach in diesen Jahrzehnten in Spanien die Stadterweiterung von Barcelona nach den Plänen von Ildefonso Cerdá.[18] Seit den 1830er Jahren gab es breitere Überlegungen, Barcelona, das von den Befestigungen des 18. Jahrhunderts eng umschlossen war, zu erweitern. Erst in den fünfziger Jahren konkretisierten sich diese Pläne, so dass der Bauingenieur Cerdá, zunächst nur für Vermessungsaufgaben bestellt, ab 1854 einen Fluchtlinienplan vorlegte, der ein riesiges Gebiet um die Altstadt mit einem Schachbrettmuster von mehr als tausend Baublöcken auswies. Das Hauptcharakteristikum des Plans

17. Albert HOFMANN, «Groß-Berlin, sein Verhältnis zur modernen Großstadtbewegung und der Wettbewerb zur Erlangung eines Grundplanes», in: *Deutsche Bauzeitung* 44, 1910, Heft 25-27,30,32,35,37,40,42. W. L. «Architektonisches von der Allgemeinen Städtebau-Ausstellung in Berlin», in: *Berliner Architekturwelt* 13, 1911, S. 123-151.

18. Eduardo AIBAR/ Wiebe E. BIJKER, «The Cerdá Plan for the Extention of Barcelona», in: *Science, Technology & Human Values* 22, Heft 1, 1997, S. 3-30. Arturo SORIA Y

war seine offene Struktur. Er war ohne einen konkreten Anschluß an die
Altstadt, ohne ein Ziel der Straßen angelegt. Mit nur wenigen sich aus
dem Plan ergebenden Verweisen auf eine Gliederung der Stadt, etwa nach
repräsentativen Teilen, nach Wohn- und Arbeitsvierteln, nach sozialen
Gesichtspunkten, entsprach er dem zeitgenössischen Standart. Sein Plan
macht klar, dass er Hauptachsen vorsieht. Diagonalen als Straßen und
Eisenbahnlinien, sinnvoll etwa vom Hafen, durchziehen das Gebiet. Er
plant Grünflächen ein und berücksichtigt einige alte dörfliche Ansiedlungen.
Vor allem aber erkennt man die völlige Negierung der Altstadt in ihren
Dimensionen und den kaum existierenden Verbindungen. Was die Planung
auszeichnet ist die offene Struktur der Blöcke, die zunächst nur an zwei
oder drei Seiten geschlossen werden und im Innern frei bleiben sollten als
Spielplätze und Erholungsorte. Die Eintönigkeit der Straßenkreuzungen
sollte abgeschwächt werden durch eine Abschrägung der Blockecken – ein
im Einzelfall angenehmes Mittel, das etwa in Palermos Quattro Canti aus
dem frühen 17. Jahrhundert berühmt geworden ist. In Barcelona sollte
der gewonnene Raum auch Wendemöglichkeiten für neu Dampfmobile
bieten. (Abb. 7)

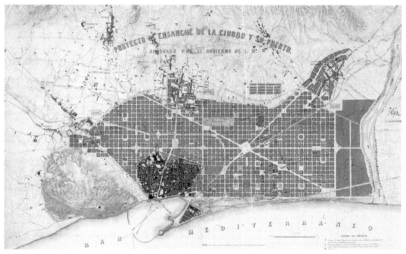

7. Ildefonso Cerdá, Erweiterungsplan für Barcelona, 1859/1861, aus: Arturo Soria y Puig
(Hrsg.), Cerdá. The Five Bases of the General Theory of Urbanization, Madrid 1999, S. 279.

PUIG (Hrsg.), Cerdá. The Five Bases of the General Theory of Urbanization, Madrid
1999. Ernst-Christian HENGSTENBERG, Ildefonso Cerdá und sein Einfluß auf Theorie
und Praxis des Städtebaus, München 2005.

Die nahezu ohne Hierarchisierung geplante Ausdehnung, die unzureichende Anbindung an die alte Stadt, die Degradierung dieser zu einem bloßen Anhängsel an die Erweiterung gehörten zu den Nachteilen des Plans.

Lange Debatten, hervorgerufen durch die Ängste der Grundeigentümer im riesigen Erweiterungsgebiet, daß sie Verluste beim Verkauf ihres Bodens machen könnten oder gar Enteignungen drohten, verzögerten die Unternehmung. Die Furcht um die Rendite wegen der Breite der Straßen und wegen der nicht zu bebauenden Innenhöfe lähmten die Initiative privater Investoren.

Mit einem Wettbewerb wollte die Stadt Cerdás Plan noch verhindern. Antonio Rovira erhielt folgerichtig den ersten Preis mit einem Fächerplan, der die Neustadt mit einem großen Platz an die alte anschloß, der Hierarchien bot mit großen und kleinen Blöcken, mit Arbeitervierteln und Industrie ganz außen, der den Verkehr mit Ringstraßen lenken wollte, der zentrale Achsenbezüge auf Monumentalbauten herstellte.

Die Regierung entschied sich 1860 trotzdem und endgültig für Cerdás Projekt. Damit war ein Schema genehmigt, das eigentlich typisch für Kolonialstädte war oder in der Anlage von Städten in den USA als offene Struktur angewandt worden war. Die Bauspekulation bemächtigte sich bald des Areals. Die Blöcke wurden vierseitig, z.T. auch hoch umbaut, selbst die Innenhöfe dienten teilweise als Baugelände.

Trotz aller Bedenken, auch von stadtgestalterischen Gesichtspunkten aus, wirkte das Vorbild Barcelonas. Noch im Jahr der endgültigen Genehmigung, 1860, erhielt auch die Stadt Madrid für ihren Erweiterungsplan die Erlaubnis zur Realisierung, die ab 1868 in Angriff genommen wurde. Entworfen hatte ihn 1857 der Architekt Carlos Maria de Castro für den Norden und Süden Madrids.[19] Er arbeitet vor allem mit reinen Quadratblöcken, durchmischt sie mit Sternplätzen, übernimmt als Zugang zum neuen Stadtteil im Süden einen Fächerplatz, der in der Straßenführung schon im ausgehenden 18. Jahrhundert seine Prägung erhalten hatte. Die Bebauung schritt nur langsam voran, so dass etwa um 1910 erst Teile besiedelt waren. (Abb. 8)

Erschließungsprojekte für die Altstadt, wie das von 1904, greifen ganz auf die großen Achsensysteme zurück. Daraus wurde die Gran Vía nach 1910 realisiert.

Das Vorbild Cerdás wirkte lange nach. So entwickelten die Architekten Alzola und Hoffmeyer 1863 einen Fluchtlinienplan für die Erweiterung

---

19. Oskar JÜRGENS, *Spanische Städte. Ihre bauliche Entwicklung und Ausgestaltung*, Hamburg 1926, S. 14-17. Fernando de TERÁN, *Historia del urbanismo en España*, Bd. 3: Siglos XIX y XX, Madrid 1999, S. 55-56, S. 62-63, S. 84, S. 153.

Bilbaos, der 1876 genehmigt wurde.[20] Abwandlungen nach dem Muster von Paris zur Vermeidung des immer Gleichen werden hier allerdings eingeplant. Neben einer zentralen Figuration durch einen ovalen Sternplatz gibt es südlich davon Brechungen von Straßen, wenn auch symmetrisch und vor allem zum südlichen Bahngelände hin eine runde Führung von Straßen.

8. *Madrid, Plan mit Stadterweiterung, um 1890, aus:*
Brockhaus's Konversations-Lexikon, 14. Auflg., Berlin 1894,
S. 450/451.

Der Plan für eine Erweiterung von Gijón von 1879 reichert das Quadratsystem um einige eingestreute Sternplätze und Diagonalen geradezu willkürlich an. In der Ausführung, Plan von 1910, wurde dann auch hier nicht im System weiter gebaut.[21] Geradezu eine Karikatur des

20. Ebda., S. 63, S. 85, S. 86, S. 95.
21. Ebda., S. 63, S. 87.

Plans von Cerdá legte man 1895 für Cartagena auf; ein Plan, der nicht realisiert worden ist.[22] Weitere Städte könnte man nennen: Alicante, Pamplona, San Sebastian, Valencia.

Das Rastersystem schien letztlich doch nicht zu genügen. In Barcelona waren Anfang des 20. Jahrhunderts zwar erhebliche, aber noch lange nicht alle Teile des Planungsgebietes von Cerdá bebaut. So entschloß man sich 1903, einen Wettbewerb zur Erlangung abweichender Pläne auszuschreiben, den der französische Architekt Léon Jaussely gewann. (Abb. 9) Mit seinem Entwurf von 1904 lieferte er das gesamte Repertoire eines Stadtplans nach dem Vorbild von Paris und der Planungspraxis der zweiten Hälfte des 19. Jahrhunderts. Ein Fortschritt ist hier nicht zu sehen. Dies musste selbst Stübben einsehen, der 1915 diesen Plan für die deutsche Fachwelt vorstellte.[23] Die Rationalisierung durch Blockbebauung einerseits und die Monumentalisierung durch Geraden andererseits bestimmen die spanische Stadtplanung weiterhin - nicht nur die spanische.

9. Léon Jaussely, Erweiterungsplan für Barcelona, 1905, aus: Jean Dethier (Hrsg.), La Ville, art et architecture en Europe, 1870-1993, Paris 1994, S. 123.

22. Ebda., S. 124.

23. Joseph STÜBBEN, «Städtebauliches aus Barcelona», in: *Zeitschrift für Bauwesen* 65, 1915, Sp. 379-404, bes. Sp. 392-394. Nicole TOUTCHEFF, «Léon Jaussely (1875-1932)», in: *La Ville, art et architecture en Europe, 1870-1993*, hrsg. v. Jean DETHIER/ Alain GUILHEUX, Paris 1994, S. 169-171.

In Wien gab es, als Gegenbewegung zu Camillo Sitte, der ja vor allem hier und in Deutschland auf größte Resonanz gestoßen war, eine Rückkehr zum Rasterplan mit Otto Wagners Entwürfen von 1911 für eine Großstadterweiterung in Form von Clustern (Bezirken) aus Schachbrettmustern gebildet, mit Blockrandbebauung und jeweils mit in der Mitte gelegenen öffentlichen Bauten.[24] Für Wagner bedeutete gerade die offene Struktur des Rasters, gleichsam seine unendliche Fortsetzbarkeit, ein Bekenntnis zur großen Großstadt. Mit diesen Ideen ging er zwar in der Differenzierung des Stadtbildes über Cerdá hinaus, fußte aber auf ähnlichen Vorstellungen von der Großstadt.

Eine bescheidene und doch Aufsehen erregende Idee beherrscht bis heute jede Diskussion um den Einzug einer anderen planerischen Moderne in Spanien. Das sind die Vorstellungen von der Bandstadt, Ciudad Lineal. Seit den 1880 Jahren plante der Eisenbahningenieur und Unternehmer Arturo Soria etwa sieben Kilometer außerhalb von Madrid eine ringförmige, zweigleisige Eisenbahnlinie an der entlang Siedlungen von anspruchvollen Landhäusern errichtet werden sollten. (Abb. 10) Beschaffung von gehobenem, ländlichem aber preiswertem Wohnraum, eine Ideologie der Stadtfeindschaft und Geschäftsinteressen kamen dabei zum Ausdruck. Ab 1892 wurde nordöstlich von Madrid mit dem Bau eines ersten Abschnitts begonnen, der bis auf eine Länge von fünf Kilometern ausgebaut werden konnte. Beidseitig einer Eisenbahnlinie lagen die zu Straßenblöcken zusammengefaßten Parzellen mit überwiegend Einfamilienhäusern. 1911 lebten schon etwa 4.000 Menschen in der Siedlung.[25] Eine Lösung für die Probleme der Stadtplanung in Bezug auf große Stadterweiterungen und vor allem das Erschließen der Altstädte bedeutete Sorias Idee nicht. Die Stadterweiterungen des frühen zwanzigsten Jahrhunderts wurden überwiegend nach dem Rastersystem geplant.[26]

24. Heinz GERETSEGGER, *Otto Wagner 1841-1918. Unbegrenzte Großstadt*, Salzburg 1978.·

25. George R. COLLINS/ Carlos FLORES (Hrsg.), *Arturo Soria y la ciudad lineal*, Madrid 1968. José Ramón ALONSO PEREIRA, *La ciudad lineal de Madrid*, Madrid 1998. In Deutschland bekannt gemacht durch folgende Veröffentlichung: Oskar JÜRGENS, «Die Landhaussiedlung La Ciudad Lineal bei Madrid», in: *Zentralblatt der Bauverwaltung* 41, 1921, S. 289-291.

26. Fernando de TERÁN (wie Anm. 19), S. 151-152.

10. *Arturo Soria y Mata, Ciudad Lineal, 1894, aus: Jean Dethier (Hrsg.), La ville, art et architecture en Europe, 1870-1993, Paris 1994, S. 163.*

Es ist bezeichnend für die Schritte zu einer modernen Entwicklung im Verhältnis Deutschland – Spanien, dass die neuen Strömungen im Städtebau, wie sie auf der Städtebauausstellung 1910 in Berlin gezeigt worden waren, in einem umfangreichen Bericht in Barcelona erschienen sind: Cipriano Montoliú, „Las modernas ciudades y sus problemas á la luz de la Exposición de Construcción Cívica de Berlín (1910)".[27] Die Wirkung allerdings zeigte sich, in Verbindung mit den Ideen der Gartenstadtbewegung, erst in den zwanziger Jahren.[28]

27. Cipriano MONTOLIÚ, *Las modernas ciudades y sus problemas á la luz de la Exposición de Construcción Cívica de Berlín (1910): con un apéndice sobre otros certámenes análogos etc.*, Barcelona 1912.

28. Fernando de TERAN, (wie Aum.19) S. 162-169. Joaquín MEDINA WARMBURG, *Projizierte Moderne. Deutschsprachige Architekten und Stadtplaner in Spanien (1918-1936)*, Frankfurt a.M. 2005, S. 182-192.

EL NACIMIENTO DE LA URBANÍSTICA MODERNA EN ESPAÑA Y ALEMANIA: RELACIONES ENTRE LAS TEORÍAS URBANAS DE CERDÁ, BAUMEISTER Y STÜBBEN

RICARDO ANGUITA CANTERO
Universidad de Granada

Durante la segunda mitad del siglo XIX, y como consecuencia del creciente desorden ambiental surgido en las ciudades europeas debido al impacto de la industrialización, se impone el análisis de las causas responsables de los males en que vive la nueva sociedad urbana para proceder a la búsqueda de soluciones técnicas que remedien las acuciantes problemáticas de colmatación espacial, densificación de la vivienda y congestión viaria en que se hallan inmersas las estructuras urbanas. Surge, de este modo, en los albores de la ciudad contemporánea, una nueva disciplina que indaga la creación de nuevos instrumentos que ayuden a reparar las graves disfunciones que sobre el tejido urbano han provocado tanto el desorbitado crecimiento demográfico que viven las ciudades como las preocupantes condiciones de la salubridad y el tránsito derivadas de él, reconduciendo el proceso constructivo de las urbes modernas hacia parámetros más racionales, cómodos y sanos para la vida del hombre. Aparece, así, la Urbanística o –como la denominó su pionero, el ingeniero español autor del Plan de Ensanche y Reforma de Barcelona de 1859 Ildefonso Cerdá (1815-1876)– la *Urbanización*, disciplina administrativa eminentemente social, que *"...si no es ya, llegará a ser bien pronto una verdadera ciencia que requerirá grandes y profundos estudios en todos los ramos del saber humano, y más especialmente en la ciencia social"*[1] y que tiene como fin establecer

---

1. *Juicio crítico del dictamen de la junta nombrada para calificar los planos presentados al concurso abierto por el Excmo. Ayuntamiento de esta ciudad el 15 de abril de 1859.*

"el conjunto de principios, doctrinas y reglas, que deben aplicarse para que la edificación y su agrupamiento, lejos de comprimir, desvirtuar y corromper las facultades físicas, morales e intelectuales del hombre social, sirvan para fomentar su desarrollo y vigor y para acrecentar el bienestar individual, cuya suma forma la felicidad pública "[2].

Junto a Cerdá, los principales fundadores de la nueva disciplina serán los alemanes Reinhard Baumeister (1838-1917) y Joseph Stübben (1845-1936), que, pertenecientes a una generación posterior, serán asimismo sus dos principales difusores en la Europa del cambio de siglo gracias a la publicación de sendos tratados que terminan por dar cuerpo definitivo al nuevo saber técnico a través de contribuciones metodológicas fundamentales para su consolidación disciplinar. Su defensa del planeamiento urbano a partir de propuestas basadas en análisis estadísticos de la población y el crecimiento demográfico, los estudios higiénicos, la demanda de vivienda, la propia actividad edificatoria o el volumen de tráfico nos revela su proximidad al pensamiento urbano de Cerdá. En palabras de Stübben,

"el planeamiento urbano es la comprensiva actividad que procura por el bienestar físico y mental de los habitantes de la ciudad... es guardián de su higiene y salud mental; y es cuna, vestido y ornamentación de la ciudad. Reúne a toda empresa, pública o privada, dentro de una unidad superior. El planeamiento urbano es un arte importante e independiente "[3].

Pero es el ingeniero barcelonés Ildefonso Cerdá (1815-1876) el primer teórico que pretende constituir una ciencia novedosa a la que nadie, como él mismo señala sorprendido, había dedicado, a pesar de su importancia, la mínima atención:

"¿Cuál, empero, sería mi sorpresa al encontrar que nada, absolutamente nada se había escrito acerca de este asunto de tanta magnitud y trascendencia?... y que sin embargo de ser la de mayor importancia de todas cuantas puedan surgir en el seno de las sociedades, ha sido hasta aquí mirada con la más completa indiferencia y abandono "[4].

Barcelona: Imprenta de Francisco Sánchez, 1859. Se trata de un folleto anónimo atribuido por Fabián Estapé y Arturo Soria Puig a Ildefonso Cerdá.

2. CERDÁ, Ildefonso. *Teoría general de la urbanización y aplicación de sus principios y doctrinas a la reforma y ensanche de Barcelona*. Madrid: Imprenta Española, 2 tomos, 1867, t. I, p. 31. De esta obra existe una reedición facsímil en tres volúmenes publicada en Barcelona por el Instituto de Estudios Fiscales en 1968 con un estudio sobre la vida y obra de Cerdá y un anexo documental y bibliografía elaborados por Fabián Estapé.

3. STÜBBEN, Joseph. *Der Städtebau. Handbuch der Architektur*. Darmstadt: Arnold Bergsträsser, 1890.

4. CERDÁ, Ildefonso. *Teoría general de la urbanización...* Al lector.

Retrato de Ildefonso Cerdá por Ramón Martín i Alsina (1878, Ateneo de Barcelona).

Cerdá se plantea entonces un análisis crítico de la evolución de la estructura de las ciudades y una amplia reflexión sobre los problemas urbanos y sus correspondientes soluciones. Consciente del período de profundos cambios tecnológicos y sociales que vive su tiempo, se muestra preocupado por los perniciosos daños que estaba causando el desarrollo de la nueva civilización dentro de una estructura urbana antigua y obsoleta, incapaz de responder de un modo mínimamente satisfactorio a las demandas y exigencias impuestas por los nuevos modos de vida de la sociedad industrial:

"La verdadera cuestión, la cuestión importante, la que tiene todo el interés de actualidad, es si al presente, cuando la generación actual va teniendo una manera de ser tan esencialmente diversa de la de las generaciones precedentes; cuando el siglo actual ha emprendido una marcha gigantesca, dejando muy atrás y a gran distancia al que le ha precedido... la cuestión, digo, importante, es, si cuando tan honda y radical transformación se está realizando; (la ciudad), *esa obra monumental*

de épocas sucesivas, ninguna de las cuales se parece a nuestra época,
puede adaptarse, acomodarse y ajustarse a las nuevas necesidades que
ya hoy experimentamos y que cada día van surgiendo, ni previstas ni
soñadas siquiera en tiempos anteriores "[5].

En consecuencia, hace de la ciudad y su estructura el objeto de su
estudio y lo hace de una manera pormenorizada, no escapando a su ojo
escrutador ninguna perspectiva de contemplación, desde la histórica a la
económica, pasando por la social, la política o la jurídica. Se trata, por
tanto, de una visión global hecha desde un perfil técnico-humanista, lo
que le impide aceptar las lamentables condiciones en que se desarrolla la
vida urbana y resistirse a su perduración en el tiempo. Por ello, denuncia
las condiciones de higiene de las calles y de las habitaciones privadas,
en especial de la clase obrera, acudiendo a los estudios estadísticos
sobre mortalidad y relacionando las epidemias con las condiciones de
insalubridad de los espacios urbanos; estudia la evolución sufrida por
los medios de transporte a lo largo de la Historia, desde los tradicionales pedestres y de tracción animal a la irrupción transformadora que ha
supuesto ya en su tiempo la introducción del motor a vapor, coligiendo
que cada nuevo medio de locomoción determina una nueva forma de
urbanización; en este sentido, subraya el efecto traumático que sobre la
estructura urbana ha tenido la llegada del tren a las estaciones ferroviarias y, con mirada visionaria, vislumbra las mayores consecuencias que
aún debe acarrear la generalización del uso del transporte mecánico,
buscando a través de una nueva forma urbana como hacer convivir los
medios de desplazamiento tradicionales y modernos sobre la vía pública
para alcanzar una buena vialidad en *"...una nueva civilización, cuyos*
caracteres distintivos son el movimiento y la comunicatividad", y, entre
todos los movimientos, el

"...urbano merece indudablemente la preferencia... porque en las urbes es
donde esa agitación de que venimos hablando, se centraliza, se condesa,
y se verifica por consiguiente con mayor fuerza, con mayor intensidad,
con una continuidad ni de día ni de noche apenas interrumpida".[6]

Analiza las diversas tramas urbanas creadas históricamente por el
hombre para dar forma a sus ciudades y, de su análisis, deduce que la
ortogonal es la más óptima para responder a los desafíos del tránsito
urbano y las buenas condiciones de edificación

---

5. Ibídem, t. I, pp. 11-16.
6. Ibid., t. I, p. 563.

"...el sistema cuadricular tiene la inestimable ventaja de no crear odiosas preferencias artificiales para ninguna de las calles, distribuyendo con entera igualdad y perfecta justicia entre todas ellas y entre todas las manzanas que las limitan, los beneficios de la vialidad y de la edificación".[7]

Portada de la Teoría General de la Urbanización de Ildefonso Cerdá (Madrid, 1867).

No obstante, permite la inserción de vías diagonales, precisamente con objeto de facilitar la vialidad en el interior de esa red; concibe las vías como una estructura de red –*"las calles o vías urbanas... en su conjunto forman un todo combinado sin solución de continuidad, y... por la reciprocidad de sus enlaces, constituyen un verdadero sistema o red viaria"*[8]–, estudiando sus diversos tipos –radiales, ortogonales y

7. CERDÁ, Ildefonso. *Teoría de la viabilidad urbana y reforma de la de Madrid. Estudios hechos por el Ingeniero D. Ildefonso Cerdá autorizado al efecto por Rl. Orden de 16 de febrero de 1860.* Fechado en enero de 1861, este texto memoria de su anteproyecto de reforma interior de Madrid- era inédito hasta su inclusión en GARCÍA-BELLIDO Y GARCÍA DE DIEGO, Javier (Coord). *Teoría de la viabilidad urbana. Cerdá y Madrid.* Madrid: Ministerio para las Administraciones Públicas, Ayuntamiento de Madrid, 1991, vol. II, p. 134. La edición contiene un primer volumen, publicado conjuntamente con el anterior, en este caso por el Ministerio y el Ayuntamiento de Barcelona, en el que se recoge otro texto inédito hasta entonces y fechado en 1859: *Teoría de la construcción de las ciudades aplicada al Proyecto de Reforma y Ensanche de Barcelona por D. Ildefonso Cerdá, Ingeniero de caminos, canales y puertos.*

8. CERDÁ, Ildefonso. *Teoría general de la urbanización...* t. I, p. 362.

mixtas– y elementos –tramos, nudos, cruces–; consecuencia de todo ello,
se dedica a teorizar y a diseñar las vías e *intervías* –neologismo que
considera más adecuado que el tradicional de manzanas, en referencia
a los espacios construidos de la ciudad–, desde el trayecto, separación
y anchura que debe tener la primera a las dimensiones longitudinales,
la altura y la proporción entre espacio libre y edificado de la segunda,
llegando a propuestas cuya escala rompe rotundamente con la tradición
constructiva de las ciudades en Europa –vías de 20 y 50 metros de
ancho; intervías cuadrangulares y achaflanadas de 113 metros de lado
y abiertas inicialmente por motivos de independencia del hogar en la
urbe y adecuada ventilación, así como para evitar la monotonía de la
cuadrícula, sólo en dos o tres de sus frentes, dispuestos formando una L
o una U y dejando grandes espacios libres de uso comunal para disfrute
de los ciudadanos–[9].

Resultado de esta capacidad de análisis escrutador, propio de un
espíritu positivista como el de Cerdá, al que nada escapa por superfluo
que pudiera parecer, es la producción de una inmensa obra teórica, mal
conocida hasta fecha reciente, ya que buena parte de ella había quedado
relegada a manuscritos que no vieron la luz hasta que fueron descubiertos
hace dos décadas en el Archivo General de la Administración. Hasta
entonces su única obra de entidad editada –al margen de artículos en
revistas especializadas y otros escritos menores– había sido su *Teoría
general de la urbanización y aplicación de sus principios y doctrinas a
la reforma y ensanche de Barcelona*, cuya fecha de publicación, en 1867,
la convierte en el texto pionero de la nueva disciplina. A ella se han
sumado las publicadas aún recientemente y de manera conjunta *Teoría
de la construcción de las ciudades aplicada al Proyecto de Reforma y
Ensanche de Barcelona* y la *Teoría de la viabilidad urbana y reforma*

---

9.   De la bibliografía existente sobre la figura y obra de Ildefonso Cerdá, cabe destacar:
ESTAPÉ, Fabián. *Vida y obra de Ildefonso Cerdá*. Barcelona: Península, 2001. GAR-
CÍA-BELLIDO Y GARCÍA DE DIEGO, Javier. *Cerdá y su influjo en los ensanches de
poblaciones*. Madrid: Ministerio de Fomento, 2004. LORA-TAMAYO VALLVÉ, Marta.
*Urbanismo de obra pública y derecho a urbanizar. Análisis comparado desde las apor-
taciones de G. E. Haussmann y la doctrina de Ildefonso Cerdá*. Madrid: Marcial Pons,
2002. MAGRINYÀ TORNER, Francesc (coord.). *Cerdá. Pionero del urbanismo moderno*.
Madrid: Ministerio de Fomento, Departamento de Política Territorial y Obras Públicas de
la Generalitat de Catalunya, Institut d'Estudis Territorials, 1998. MAGRINYÀ, Francesc;
TARRAGÓ, Salvador (dirs.). *Cerdá. Ciudad y Territorio. Una visión de futuro*. Madrid:
Electa, Fundación Catalana per a la Recerca, 1996. SORIA Y PUIG, Arturo (comp.).
Cerdá. Las cinco bases de la teoría general de la urbanización. Madrid: Electa, 1991.
*Hacia una teoría general de la Urbanización. Introducción a la obra teórica de Ildefon-
so Cerdá (1815-1876)*. Madrid: Colegio de Ingenieros de Caminos, Canales y Puertos,
1979.

de la de Madrid, dos obras trascendentales para comprender en toda su extensión el temprano pensamiento urbano de Cerdá.

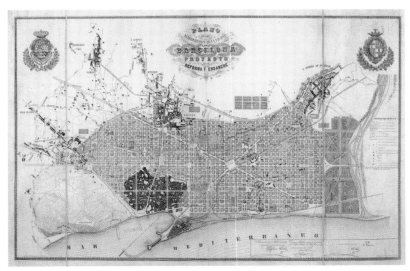

Ildefonso Cerdá. Plano de los alrededores de la ciudad de Barcelona. Proyecto de su Reforma y Ensanche (1859, Museo de Historia de la Ciudad de Barcelona).

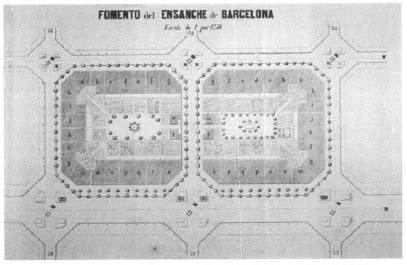

Detalles geométricos de la planta de manzanas. Folleto divulgativo de la Sociedad "El Fomento del Ensanche". Barcelona, Establecimiento Tipográfico de Narciso Ramírez, 1863. Instituto Municipal de Historia, Ayuntamiento de Barcelona.

En su conjunto, y al igual que ocurrirá más adelante en Baumeister y Stübben, la obra de Cerdá refleja la confianza profesional en la capacidad de la Urbanística en introducir un nuevo orden técnico en el proceso de construcción de la ciudad contemporánea, basado en la creación de los adecuados instrumentos urbanísticos –planes de crecimiento urbano o de ensanche según la terminología española–, el control administrativo en la construcción de los inmuebles –ordenanzas de edificación–[10], el análisis de los aspectos económicos de la urbanización y la introducción de las nuevas redes de infraestructuras, cuestiones a las que dedica sus reflexiones teóricas. Asimismo, Cerdá comparte con los tratadistas alemanes el prudente pragmatismo de sus ideas, lo que le llevará incluso a modificar algunas de sus propuestas con tal de conciliar los intereses públicos, que siempre defiende con fuerte convicción, a los legítimos intereses de la propiedad privada. En cualquier caso, dichos intereses no podrían quedar, como había ocurrido en los momentos germinales de la ciudad contemporánea gracias al triunfo de la ideología liberal, al margen del control público, siendo la Administración responsable de establecer las reglas de juego tanto a través del naciente planeamiento urbanístico como de los ya tradicionales reglamentos edificatorios. El plan urbano y las ordenanzas son, pues, los instrumentos de intervención pública que median entre el derecho inalienable del propietario privado y los intereses de la colectividad hacia un desarrollo urbano ordenado. Las frases de Baumeister *"ninguna libertad sin orden"*[11] y *"buenos planes, apropiados principios para proteger el interés público, libre desarrollo, por otra parte, de las fuerzas y deseos privados"*[12] podrían haber sido refrendadas por Cerdá sin ningún reparo. Quizás lo que más separa al urbanista español de los alemanes es el modo de concebir su obra, ya

10. Sobre el papel de las ordenanzas de edificación en el proceso de construcción de la ciudad contemporánea, en este caso de aquéllas que tienen como objeto la reglamentación de las tramas históricas ver ANGUITA CANTERO, Ricardo. *Ordenanza y Policía urbana. Los orígenes de la reglamentación edificatoria en España (1750-1900)*. Granada: Universidad, Consejería de Cultura de la Junta de Andalucía, 1997. Un estudio donde, además de la norma urbanística, analizo su práctica es *La ciudad construida: control municipal y reglamentos edificatorios en la Granada del siglo XIX*. Granada: Diputación Provincial, 1997.

11. BAUMEISTER, Reinhard. *Stadt-Erweiterungen in technischer, baupolizeilicher und wirtschaftlicher Beziehung*. Berlín: Ernst un Korn, 1876, III. Baupolizeilicher Vorschriften, p. 238. Recogido en LUQUE VALDIVIA, José (Coord.). *Constructores de la ciudad contemporánea. Aproximación disciplinar a través de los textos*. Madrid: Departamento de Urbanismo de la Escuela Técnica Superior de Arquitectura, Universidad de Navarra, Cie Inversiones Editoriales, Dossat 2000, 2004, p. 148.

12. BAUMEISTER, Reinhard. *Stadt-Erweiterungen in technischer...* Prólogo, p. V.

que mientras que el primero lo hace desde la reflexión teórico-científica, los segundos adoptan un acento más operativo.

Baumeister trabajó en las oficinas técnicas de diversos ayuntamientos y del propio Estado alemán, desempeñó tareas docentes en la *Technische Hochschule* de Karlsruhe, realizó los planes urbanísticos de algunas ciudades del Land de Baden, caso de Manheim (1872), y participó activamente en asociaciones profesionales en el momento de definición de la nueva disciplina urbanística como la *Verband deutscher Architekten und Ingenieur Vereine*. Dentro de su destacada obra teórica se hallan textos como *Architektonische Formenlehre für Ingenieure* (1866) y, sobre todo, *Stadt-Erweiterungen in technischer, baupolizeilicher und wirtschaftlicher Beziehung* (1876), considerado el primer manual urbanístico de la época, lo que le otorgó una amplia difusión gracias a su claridad expositiva[13].

Retrato fotográfico de Reinhard Baumeister.

13. Sobre el urbanista alemán Reinhard Baumeister, así como sobre su compatriota Joseph Stübben, ver PICCINATO, Giorgio. *La construcción de la urbanística. Alemania 1871-1914*. Barcelona: Oikos-Tau, 1993 y LUQUE VALDIVIA, José (Coord.). *Constructores de la ciudad contemporánea...* pp. 145-153 y 885-896.

Baumeister comparte con Cerdá la preocupación por las condiciones del tránsito y la vivienda en la emergente sociedad industrial y la necesidad de su regulación, estableciendo como principales objetivos de los planes de ampliación urbana el *"...crear nuevas viviendas y resolver el tráfico"*[14], muy especialmente este segundo porque, como indica, *"el sistema viario y las direcciones de su flujo constituyen los elementos básicos de los planes en la construcción de las ciudades"*. Señala también al crecimiento poblacional como responsable de las nuevas problemáticas de la urbe moderna y observa el preponderante papel adquiridos por las ciudades como centros de los intercambios comerciales. Como Cerdá, examina la cuestión de la vivienda y el problema de la carestía del alojamiento ante una población creciente, lo que le lleva a reflexiones sobre la evolución de las tipologías residenciales y la imposición del inmueble de renta como construcción urbana dominante, hecho que corrobora mediante datos estadísticos obtenidos de Berlín. Convencido, como Cerdá, de la relación entre espacios colmatados y mortalidad –el español dedica apartados de su *Tratado general de la urbanización* a analizar la incidencia de la mortalidad en Barcelona a través de estadísticas por barrios–, admite el inmueble colectivo sólo en el caso de que tenga un número máximo de cuatro plantas, lo que le hubiera permitido respaldar la propuesta del propio Cerdá de plantas y alturas para las construcciones residenciales de su proyecto de Ensanche de Barcelona –4 plantas y 20 m. de altura para la edificación–, aunque con la salvedad de que Baumeister reserva su uso sólo en el centro de la ciudad, mientras que se decanta por el de viviendas unifamiliares en la periferia, preferencia que no formaba parte de las tendencias urbanísticas de la España de mediados del XIX. Más agudeza muestra Baumeister al desvelar una de las claves de la especulación inmobiliaria, llamando la atención en el hecho de que el crecimiento del valor de los terrenos era más efecto que causa del aumento en el número de plantas que permitía edificarse sobre ellos.

Aunque tanto Cerdá como los urbanistas alemanes conciben el plan urbanístico como una ordenación de amplia extensión, capaz de absorber los crecimientos demográficos que en el futuro tenga la urbe, en cambio, un aspecto capital recogido en el pensamiento urbanístico de Baumeister, y desarrollado posteriormente por Stübben, no es contemplado previamente en la teoría cerdiana, nos referimos a la técnica de la zonificación de los usos urbanos, que adquirirá gran trascendencia en el urbanismo occidental del siglo XX. Cerdá distribuye, por ejemplo, los

---

14. BAUMEISTER, Reinhard. *Stadt-Erweiterungen in technische...* I. Die Aufgabe im Allgemeinen, p. 189.

equipamientos urbanos de un modo distributivamente igualitario por la malla de su Ensanche de Barcelona, algo que se relaciona sin duda con su ideología progresista. En cambio, Baumeister y Stübben seleccionan, dentro de su concepción del diseño de los planes urbanos, un uso para cada área de la ciudad –centro comercial, áreas industriales y suburbios residenciales–, formalizado en un diseño concéntrico en torno al núcleo primitivo, modelo característico de la ciudad industrial:

> *"Así pues, en una gran metrópoli del futuro nos encontraremos con tres subdivisiones zonales. La ciudad comercial propiamente dicha como núcleo, las zonas industriales (eventualmente también el comercio al por mayor), las zonas residenciales. Antaño todo estaba mezclado, en las grandes ciudades, como Londres, la subdivisión es ya bastante visible y el desarrollo de todas las ciudades tiende a este mismo fin"*[15].

El plan urbano se convierte en el garante de tal proceso de crecimiento urbano.

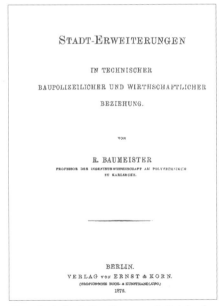

Portada de *Stadt-Erweiterungen* de Reinhard Baumeister (Berlín, 1876).

15. Ibídem, cap. 5. Gestaltung des Plans, p. 226.

Parecida valoración tienen las murallas en el pensamiento del urbanista español y en el de los alemanes como elemento que obstaculiza el desarrollo adecuado del crecimiento urbano, convirtiéndose en un obstáculo en el ensamblaje entre ciudad antigua y ensanches. No obstante, mientras que Cerdá no contempla ninguna consideración hacia el carácter histórico de las murallas, calificadas como simples camisas de fuerza que comprimen el caserío de las ciudades –sin duda, a causa de los graves problemas que originó el expediente de su derribo en la ciudad de Barcelona–, Baumeister diferencia entre las murallas más recientes –aquéllas construidas ya desde el siglo XVIII– y las históricas, de las que cree que puede conservarse restos parciales para su contemplación, aunque sin llegar nunca a su conservación íntegra. En ambos, el espacio liberado por el derribo de las murallas permitirá establecer una vía periférica en torno al núcleo histórico de la ciudad, que sirva de transición entre éste y los nuevos espacios de crecimiento, como llevó a la práctica Cerdá en las rondas que diseña en su Proyecto de Ensanche y Reforma de Barcelona de 1859.

Respecto a las ordenanzas de edificación, tanto Cerdá y Baumeister como más tarde Stübben, coinciden en el rechazo de normas que regulen aspectos estéticos relativos a las fachadas por su falta de objetividad. Baumeister al respecto señalaba que *"las normas estéticas deben ser abolidas"*[16]. En lo relativo a la altura de la edificación y la anchura de las calles, les preocupa garantizar la buena higiene de las habitaciones a través de su adecuado soleamiento, coincidiendo en que la altura de la edificación debía ser igual al ancho de la calle. Acertadamente, y en contra de los usual aún en muchos reglamentos, Baumeister propone que los reglamentos establezcan un número máximo de plantas y no de altura de la edificación con objeto de evitar los procesos de compactación de la edificación mediante la reducción de la altura de los pisos superiores con objeto de ganar alguna planta más, con los consiguientes problemas de higiene de las habitaciones que esto acarreaba.

Joseph Stübben trabajó en puestos de la Administración, tanto municipal como estatal, siendo primero arquitecto municipal de Aquisgrán (1876-1881) y consejero municipal de Construcciones de Colonia desde 1881, donde llegó a ser concejal. Entre 1904 a 1920 estuvo al servicio del Estado, supervisando el planeamiento berlinés. Pero, ante todo, sobresale su labor como planificador de ciudades, realizando más de treinta proyectos a lo largo de su carrera profesional tanto en Alemania como en el extranjero, destacando el realizado para el ensanche de Colonia en

---

16. Ibid., III. Baupolizeilicher Vorschriften, p. 245.

1881. Fue ganador del primer premio del Concurso de planeamiento para la Gran Viena de 1892-1893 –en *ex equo* con Otto Wagner– y participó, entre otros, en concursos en Amberes, Basilea, Bruselas, Lyon, Madrid, Varsovia o Bilbao. Entre su obra teórica, destaca *Der Städtebau. Handbuch der Architektur*, de 1890, tratado con el que influyó decisivamente en la práctica de la Urbanística moderna, superior en reflexión y contenido al de Baumeister gracias a su capacidad de sistematizar todos los datos existentes sobre las práctica urbanística y los conceptos sobre los que se fundamentará la disciplina en las décadas siguientes[17].

Retrato fotográfico de Joseph Stübben. Reproducido en José Luque Valdivia (Coord.). Los constructores de la ciudad contemporánea. Aproximación disciplinar a través de los textos (2004).

Stübben coincide con Cerdá y Baumeister en los aspectos a que debe atender la nueva disciplina, aunque suma a la vivienda y al tránsito los problemas originados por la actividad industrial: *"la vivienda, la actividad industrial en las ciudades, el tráfico interurbano y local son, por tanto, los puntos de partida de la urbanística"*[18].

17. *Der Städtebau*, tomo IX de la cuarta parte de la extensa obra de Stübben *Handbuch der Architektur*, tuvo nuevas ediciones en 1907 y 1924.
18. STÜBBEN, Joseph. *Der Städtebau...*, p. 257.

En *Der Städtebau* realiza una descripción completa de sus cometidos:

> *"La urbanística, tal y como la entendemos nosotros, tiene por objeto la localización de las implantaciones urbanas, destinada, por un lado, a asegurar a la población urbana viviendas y lugares de trabajo adecuados, las conexiones entre ellas y espacios de recreación al aire libre; por otro lado, ha de proveer a la construcción por la comunidad de edificios para la administración, el culto, la enseñanza, la higiene y la salud, el aprovisionamiento de alimentación, la seguridad, la diversión, el arte, la ciencia y otras funciones de interés público; en definitiva, la urbanística ha de preparar el terreno en su conjunto, sobre el cual después se articulan cada una de las iniciativas edificatorias"*[19].

Respecto al tránsito urbano, muestra similar preocupación que Cerdá por analizar los medios de transporte urbano, más evolucionados en su tiempo que cuatro décadas atrás, realizando una clasificación atendiendo

Portada de Der Städtebau. Handbuch der Architektur
de Joseph Stübben (Darmstadt, 1890).

19. Ibídem.

tanto a sus características técnicas –ferrocarril interurbano, metropolitano y urbano y tranvía– como por su trazado –radial, periférico y en redes complejas–. Y al igual que Cerdá, dedica especial atención al análisis tanto de las vías urbanas como de las manzanas, y como éste considera las ventajas e inconvenientes de los distintos tipos posibles de trazados, decantándose también, pese a reconocer la monotonía de su trazado –algo que queda implícitamente recogido en la obra de Cerdá– por el diseño de cuadrícula. Asimismo como Cerdá, estudia la importancia y papel de las vías según su ancho, clasificándolas en calles para el tráfico principal, grado medio y secundario. Igualmente estudia sus secciones longitudinales y transversales, así como la importancia de los cruces de calles. Por su parte, Baumeister critica el uso indiscriminado de los sistemas rectangulares y, pese a las críticas que su obra recibe de Camillo Sitte, tiene puntos en contacto con éste al sugerir una mirada retrospectiva a las antiguas plazas y al pintoresquismo de las calles medievales. Recomendaba que las calles fueran curvas por el efecto estético que esto producía.

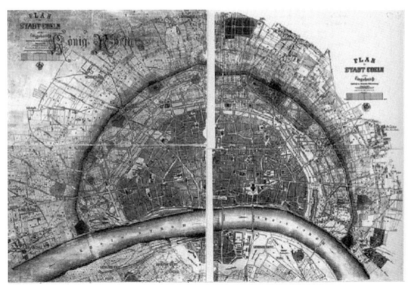

Plan regulador del crecimiento de Colonia de Joseph Stübben (1880).

Stübben, como antes Cerdá y Baumeister, descarta que la vivienda unifamiliar pueda ser la tipología residencial predominante en el ámbito urbano, por lo que se dedica a examinar las condiciones de aireación para garantizar una adecuada higiene en el interior de las habitaciones, mostrando su preocupación por la *mietskaserne*, tipología colectiva compuesta por una sucesión de patios y cuyo excesivo fondo constructivo provocaba el empeoramiento progresivo de las condiciones de habitabilidad conforme se accedía a los espacios más interiores.

Para finalizar, debe destacarse la modernidad de los planteamientos exhibidos por los pioneros de la Urbanística, ya que defienden claramente la función social del urbanismo y las responsabilidades que los propietarios y promotores de suelo tienen que asumir en la ejecución del planeamiento, lo que les lleva a exigir la cesión de terrenos privados para la aperturas de las nuevas vías urbanas en los espacios de crecimiento, así como su participación en las obras de urbanización. Así Cerdá declara, en este sentido, que *"nada ciertamente más justo que, aquél que se aprovecha de las ventajas de una obra, contribuya a su realización en debida proporción a las ventajas que reporta"*[20], un principio sobre el que se fundamenta la moderna legislación del suelo.

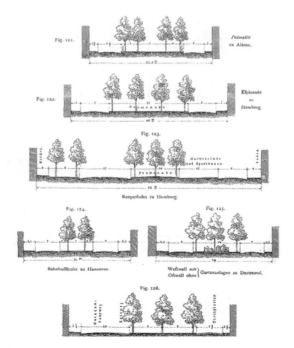

Detalles de secciones de calles del Der Städtebau. Handbuch der Architektur de Joseph Stübben.

20. CERDÁ, Ildefonso. *Teoría de la viabilidad urbana...*, p. 216.

DER „MODERNE ZIEGELBAU" VON SCHINKEL BIS JAREÑO

SEBASTIAN REDECKE
Redaktion Bauwelt

Im August 2007 hat sich Mercedes-Benz, bisheriger Hauptsponsor der auf Gerüste montierten Schaufassade, die für die Rekonstruktion der berühmten Berliner Bauakademie von Karl Friedrich Schinkel (1781-1841) am Werderschen Markt wirbt, von der Begleitung des Projekts wieder verabschiedet. Das Unternehmen hatte das vom Verein Internationale Bauakademie Berlin (IBB) mit einer Reihe bedeutender Architekten der Stadt initiierte Vorhaben zum Wiederaufbau von Beginn an unterstützt. Jetzt sind seine Werbeflächen an der Fassaden-Attrappe verschwunden. Der neue Sponsor mit neuen Werbeflächen heißt Vattenfall, ein Energiekonzern, der sein schlechtes Image wegen zu hoher Preise aufpolieren will.

Nach einigen Diskussionen über die richtige Vorgehensweise und machbare Finanzierung, die sich über Jahre hinzogen, hatte man sich endlich entschieden: Im Oktober 2008 begann konkret das Vergabeverfahren unter Investoren zum Wiederaufbau. Dabei soll das viergeschossige Gebäude in seiner inneren und äußeren Erscheinung „weitestgehend dem Ursprungsbau entsprechen".[1] Das Vorhaben klingt kompliziert, scheint aber aufgrund der überschaubaren Dimension des Projekts gut realisierbar zu sein: Die Liegenschaftsfonds Berlin GmbH organisiert den Verkauf des circa 2.200 Quadratmeter großen Grundstücks zwischen Schinkelplatz und Werderschem Markt, das der Stadt gehört, im Rahmen eines europaweiten Vergabeverfahrens mit vorgeschaltetem Teilnahmewettbewerb. Der Ende 2009 ausgewählte Investor soll ein Viertel des zukünftigen Gebäudes für

---

1. Pressemitteilung des Liegenschaftsfonds.

vermietbare Geschäftsräume nutzen dürfen. Alle übrigen Geschossflächen sollen ohne Kosten dem 2001 gegründeten Verein „Internationale Bauakademie Berlin" zur Verfügung gestellt werden. Im ehemaligen Lichthof sind ein Vortragssaal und das sich zum Schinkelplatz im Norden hin orientierende Foyer geplant. Der Platz wurde im November 2008 mitsamt einem Brunnen rekonstruiert. Im ersten Obergeschoss ist die Einrichtung von Ausstellungs- und Seminarflächen vorgesehen, die von der Internationalen Bauakademie Berlin und den Partnern, Museen und Sammlungen, für Wechselausstellungen genutzt werden sollen. Die übrigen Geschosse sollen der „Architekturforschung und -vermittlung" vorbehalten sein und einer Bibliothek Platz bieten. Eine genauere inhaltliche Konzeption dieser neuen Einrichtung ist nicht in Erfahrung zu bringen. Nach dem Verfahren und der dann vorliegenden Entwurfsplanung zur Bauakademie muss genau hingeschaut werden, wie die Rekonstruktion entsprechend der Vorgaben des Investors im Einzelnen ausfallen soll. Ein Disput mit den Architekten Hans Kollhoff und Paul Kahlfeldt des Vereins Internationale Bauakademie Berlin – falls sie nicht selber als Planer zum Zuge kommen – ist vorprogrammiert.

Sebastian Redecke, Bauakademie von Karl Friedrich Schinkel, Simulation im Maßstab 1:1, 2007, Fotografie.

Der Blick auf die immer konkreter werdenden Chancen der Rekonstruktion der Bauakademie ist wichtig, da es sich hier um einen der bedeutendsten Rohziegelbauten des frühen 19. Jahrhunderts handelt, und zwar weit über die Landesgrenzen hinweg. In heutiger Zeit scheint es nicht mehr ohne die Mittel großer Konzerne möglich zu sein, eine solche Rekonstruktion zu stemmen. Diese großen Geldgeber engagieren sich, damit der 1945 stark beschädigte Ziegelbau, der trotz anders lautender Beteuerungen des Staatschefs Walter Ulbricht 1962 auf Beschluss der Regierung der DDR im Rahmen der „Sozialistischen Umgestaltung des Stadtzentrums" abgerissen wurde, wieder neu entstehen kann. Entlang dem Spreeufer wurde schon fünf Jahre nach dem Abriss der Gebäuderiegel mit Aluminiumfassaden des Ministeriums für Auswärtige Angelegenheiten der DDR fertig gestellt, der die Grundmauern der Bauakademie überschnitt. Das den alten Stadtraum völlig negierende Ministerium wurde nach der Wiedervereinigung in den Jahren 1995 und 1996 abgerissen.

Carl Daniel Freydanck, Die Bauakademie von Karl Friedrich Schinkel, Öl auf Leinwand, 1838, KPM-Archiv, Schloss Charlottenburg, aus: Elke Blauert, Karl Friedrich Schinkels Berliner Bauakademie. Ein Beitrag zu ihrem Wiederaufbau, Berlin 1994.

Nach mehreren Verzögerungen rechnet man trotz des jetzt angelaufenen Teilnahmewettbewerbs für Investoren mit nochmals fünf bis zehn Jahren, bis die Bauakademie, die im Vergleich zum Berliner Schloss viel überschaubarer und kompakter ist, ein wenig in alter Fassaden-Pracht wieder an ihrem Platz im Herzen der Stadt stehen wird. Die Rekonstruktion der bedeutenden Fassaden des Berliner Schlosses im Rahmen des sogenannten Humboldt-Forums wurde hingegen auf höchster Ebene im Deutschen Bundestag, also auf einer ganz anderen Ebene, längst durchgesetzt. Der internationale Architekturwettbewerb zum Humboldt-Forum, das sich in ummittelbarer Nachbarschaft der Bauakademie befinden wird, wurde Ende November 2008 entschieden.

Das öffentliche Interesse am circa 25 Millionen Euro teuren originalgetreuen Wiederaufbau der Bauakademie ist nach wie vor groß. Anders als beim Berliner Schloss nebenan ist auch die Fachwelt – und das ist nicht nur aus meiner Sicht entscheidend – für die Rekonstruktion offen. Man verfolgt das Vorhaben mit Wohlwollen.

Die Bauakademie von Karl Friedrich Schinkel, Details des vierten Fensters mit Terrakotta-Reliefs, aus: Elke Blauert, Karl Friedrich Schinkels Berliner Bauakademie. Ein Beitrag zu ihrem Wiederaufbau, Berlin 1994, S. 22.

Aus Respekt des Todes von Oswald Mathias Ungers in Jahr 2007,
einem der wichtigsten deutschen Architekten der letzten Jahrzehnte und
großen Kenner des Werks Schinkels, ist es mir hier ein Anliegen, ihn zur
Bauakademie zu zitieren. Er war zuletzt einer der Skeptiker:

> „Je mehr ich über die Sache Bauakademie höre, lese und sehe, umso
> unsicherer wird mein Urteil. Sollte ich vielleicht in der ersten Phase der
> Euphorie der Meinung gewesen sein, diesen vielleicht bedeutendsten Bau
> Schinkels uneingeschränkt wieder aufzubauen, so kommen mir jetzt doch
> erhebliche Zweifel über eine solche Maßnahme. Es beginnen sich bei
> mir Bedenken zu regen, die mich fürchten lassen, dass ein werkgetreuer
> Aufbau nicht möglich ist und schließlich die Enttäuschung groß sein wird,
> wenn eine artifizielle, eine starre Replik entsteht, der jede Aura, die ja
> nicht zu ersetzen ist, fehlt. Eine Akademie aus dem Steinbaukasten kann
> das Original nicht wiederauferstehen lassen und wäre eine Travestie. Es
> setzt sich bei mir immer mehr der Gedanke fest, dass durch eine mit
> unseren heutigen Mitteln der Technik geprägte Wiederaufrichtung den
> Bau ein zweites Mal vernichtet wird. Was weg ist, ist weg, und was tot
> ist, kann man nicht wiederbeleben. Man sollte es ruhen lassen. Auch das
> verlangt der Respekt vor einem so großartigen Bauwerk."[2]

Woher die Begeisterung für die Bauakademie? Für Architekten und
Bauhistoriker stellen dieser Bau sowie andere Bauten und Projekte
Schinkels kurz davor oder aus der gleichen Zeit eine Art „Basis" dar.
Sie bilden eine der Grundlagen der modernen Architektur. Genannt seien
hier das im Krieg zerstörte Wohnhaus des Ofenfabrikanten Feilner in
Berlin-Mitte von 1829 und ganz besonders das Projekt für ein Kaufhaus
Unter den Linden mit über einhundert Einzelläden in drei Gebäudeflügeln.
So ist der „moderne Ziegelbau" des frühen 19. Jahrhunderts mit Karl
Friedrich Schinkel und seiner Bauakademie, die bis 1848 „Allgemeine
Bauschule" genannt wurde, untrennbar verbunden. Den Blick hier zu
schärfen lohnt, denn die Grundlagen des späteren Ziegelbaus weit über
Berlin hinaus sind hier zu finden. Dies ist in der Architekturszene Berlins
längst bekannt. Schinkel ist in dieser Hinsicht eine Ausnahmeerscheinung.
So fand sein in den Jahren 1831-1835 errichteter strenger kubischer Block
sofort viel Beachtung. Man bezeichnete ihn nach seiner Fertigstellung
als einen „Eckstein des Berliner Städtebaus". Harald Bodenschatz
spricht in seinem Buch zur Bauakademie sogar von einem Gegenpart

---

2. Oswald Mathias UNGERS, Fünf Lehren aus Schinkels Werk, in: *Karl Friedrich
Schinkel, Werke und Wirkungen*, Ausst.-Kat. Berlin: Nicolaische Verlagsbuchhandlung,
1981, S. 245 ff.

des Schlosses mit einer ganz anderen Qualität.[3] Für Schinkel war es der erste profane Rohziegelbau Preußens. Es ist somit ein Schlüsselwerk in mehrfacher Hinsicht.

Für die Kunsthistorikerin Christine Wolf zeigt der „Rohbau" oder auch „Reinbau", wie der Name schon sagt, nicht nur, aus welchem Stoff das Gebäude besteht, sondern aus welchem Verständnis heraus das Gebäude entstanden ist. Es täuscht nichts vor. Damit eng verbunden ist Schinkels Zwang zur Akkuratesse der Bauausführung zu sehen: Keine Tünche kann Fehler im Maueraufbau verdecken, ein Kleid mit den feinsten Ziegeln. Der Rohbau sorgte somit ganz automatisch zur Steigerung der handwerklichen Qualitäten. Von der Qualität der Ausführung heißt es in einer zeitgenössischen Beschreibung, sie sei „von einer Vollendung, wie wir sie noch nie gesehen. Die Schärfe der Kanten, die vollendete Glätte und der matte Glanz der Flächen sind unübertrefflich, und lassen sie fast einem Marmor von sanfter rötlicher Färbung vergleichen."[4]

Hans Müller, Die Bauakademie von Karl Friedrich Schinkel kurz vor Beginn des Abrisses, Fotographie, Mitte des 20. Jahrhunderts, aus: Elke Blauert, Karl Friedrich Schinkels Berliner Bauakademie. Ein Beitrag zu ihrem Wiederaufbau, Berlin 1994, S. 14.

Der Block ist innen durch ein Rastersystem von Kappengewölben wie in englischen Magazinen gegliedert. Dieses ermöglichte wiederum die großen, für die Zeichensäle nötigen stichbogig gewölbten Fenster. Das

3. Harald BODENSCHATZ, *Der rote Kasten. Zu Bedeutung, Wirkung und Zukunft von Schinkels Bauakademie*, Berlin: Transit, 1996.

4. Christine WOLF, «Schinkel und die Folgen. Backsteinbau und Terrakotenbauten», in: *Daidalos* 12, Nr. 43, 1992, S. 54.

Gliederungssystem der Fassaden, auf das kommt es an, ist einfach: acht
Fensterachsen und vier Geschosse. Zwischen den breiten dreiteiligen
Fenstern befinden sich durchgehende schmale Wandpfeiler. Auch
die einzelnen Geschosse sind klar voneinander abgesetzt. Dort sind
besondere Dekor-Ziegelbänder zu erkennen. Kern des Programms ist
ein Bildzyklus von 24 figürlichen Terrakottareliefs jeweils unterhalb
der Fensterbrüstungen.

Aber es ist nicht nur das Thema der Ehrlichkeit, der Klarheit und
das Serielle, das in einer großen Bandbreite für ganz unterschiedliche
Nutzungen taugt, was hier fasziniert. Auch das Betonen der Konstruktion
durch Gliederungen mit dem offenen Zur-Schau-Stellen des Materials,
bei dem kein Bauteil ohne Zweckbestimmung sein soll, so die
Forderung Schinkels, ist zu bewundern. Ohne die Industriealisierung,

1. Paños ornamentados en base a fábricas de distintos aparejos. 2. Hastiales con remates
diferentes. 3. Arcos rebajados con variación de roscas ornamentadas, aus: Josep Maria Adell
Argilés, Arquitectura de ladrillos del siglo XIX. Técnica y forma, Madrid ²1987, S. 170.

die verbesserten Produktionsmöglichkeiten in den Ziegeleien, wäre diese Entwicklung gar nicht möglich gewesen. Für Manfred Klinkott gab es bei Schinkel keine hochwertige Backsteinarchitektur ohne eine gute Ziegelproduktion:

> „Es musste ihm gelingen, einen Vorgriff zustande zu bringen, der das Ziel seiner Bemühungen überzeugend veranschaulichen soll. Das war die Bauakademie am Werderschen Markt, die nach 1832 mit höchster Sorgfalt gebaut wurde und den angestrebten Leistungsstand von Ziegelfabrikation und Handwerkskunst darstellen sollte."[5]

Klinkott nennt Beispiele, wie Schinkel präzis am Material arbeitete:

> „Schinkel ließ (...) die Verblendsteine für das Sichtmauerwerk nachträglich hobeln und polieren, so dass sie glatt und sauber wurden, für die Schichtung einen exakten Verband und geradlinig eingeschnittene Stoß- und Lagerfugen ergaben. (...) Bei den Steinen wurden die unterschiedlichen Färbungen auseinandersortiert. Dann erst konnten gleichgetönte Ziegel dem Maurer übergeben werden, wobei man darauf achtete, dass die guten, glatten Steine für den unteren Bereich der Fassade eingesetzt wurden, die ein wenig mangelhaften aber möglichst weit oben."[6]

Für Schinkel war seine Bauakademie somit „Architektur, die aus den Konstruktionen des Backsteins hervorgeht". Putz- und Stuckverkleidungen, die zwei Jahrhunderte lang die Architektur beherrschten, durften nicht über den Sachbestand des Mauerwerks hinwegtäuschen. Was in den zwanziger Jahren des 20. Jahrhunderts fast zum zentralen Thema wird, das ist hier ganz unprätentiös Wirklichkeit geworden: eine materialgerechte Verarbeitung. Dabei profitierte der königliche Baumeister von diesen neuen Techniken und ihren vielfältigen Gestaltungsmöglichkeiten und förderte weitere Anstrengungen in dieser Richtung. Hans Voss schreibt:

> „Die Anregungen, die Schinkel zur Verwendung des Backsteinmauerwerks geführt haben, sind vielfältiger Art. Im ländlichen Hausbau der an Hausteinen armen Mark Brandenburg war der Backstein ebenso wie in England, den Niederlanden und den nordischen Ländern seit Jahrhunderten Tradition. Zudem hatte der zwanzigjährige angehende Architekt in

---

5. Manfred KLINKOTT, Backsteinbauten Karl Friedrich Schinkels und das Werk seiner Schüler, in: Karl Friedrich Schinkel. Werke und Wirkungen, Ausst.-Kat. Berlin 1981, S. 128.
    6. Ebda., S. 124.

Bologna und Ferrara das Arbeiten mit dem unverputzten Ziegelmauerwerk gesehen. Von größter Bedeutung war vor allem die Englandfahrt von 1826: Sie bringt auch die Begegnung mit den frühen Industriebauten – so den Londoner Speicherhäusern Telfords –, die reine Eisen-Backstein-Konstruktionen waren."[7]

Thomas Telford war vor allem Bauingenieur und befasste sich mit gusseisernen Brücken. Die Konstruktion, die vom Betrachter begreifbare Konstruktion, ist für Schinkel immer schon wichtig gewesen. Man kann sogar sagen, dass seine Architektur trotz aller gestalterischen Feinheiten stets einen „statischen Hintergrund" hat.

1. Impostas con ornamentación en terracota. 2. Pabellón con entramado de madera. Paneles diversos para solados. 3. Cornisas dibujadas en alzado y perspectiva seccionada para su total comprensión, aus: Josep Maria Adell Argilés, Arquitectura de ladrillos del siglo XIX. Técnica y forma, Madrid ²1987, S. 171.

---

7. Hans VOSS, Neunzehntes Jahrhundert. Ein Umschau-Bildsachbuch, Frankfurt am Main: Umschau Verlag 1968, S. 87.

Warum hat nun gerade dieser Ziegelbau Schinkels schon zur Zeit seiner Entstehung so viel Beachtung gefunden? Es gab ja seit der Backsteingotik eine große Tradition des Ziegelbaus in Brandenburg und ganz Norddeutschland, die Schinkel, von der Bauaufnahme seines von ihm hoch verehrten Lehrers Friedrich Gilly aus dem Jahr 1794 inspiriert, besucht und gezeichnet hat. Sicher, Schinkel knüpfte bei seinem Werk an mittelalterliche Bautraditionen an. Wir kennen auch seine romantischen gotischen Architekturfantasien aus den Jahren um 1810. Dies ist die eine Seite. Die andere Seite – und das ist von größter Bedeutung – liegt bei näherer Betrachtung auf der Hand. Schinkel hatte abgesehen von der besonders hohen Qualität des Ziegelmaterials eben diese für Architekten so wichtigen und leicht adaptierbaren Grundmodule, d.h. ein fast schon gerüsthaftes Konstruktionsprinzip, entwickelt, die eine Transformation der Vergangenheit in die Zukunft bedeuteten. Dies war eine Signalwirkung für alles, was danach geschah. Alle Proportionen und Gliederungen folgen einer Gesamtordnung.

Die Rede ist hierbei von den unzähligen Fabriken, Schulen, Bahnhöfen, Kirchen, Krankenhäusern oder Kasernen in ganz Deutschland, alle aus Ziegel gebaut. Auch in Berlin wurden diese Bauten in großer Zahl errichtet. Nicht zuletzt sei auch auf das Rote Rathaus von Hermann Friedrich Waesemann hingewiesen, das dreißig Jahre später zwischen 1861 und 1869 gebaut wurde. Abgesehen von der Grundordnung der Fassaden ist hier der Ziegel jedoch zu einem reinen Dekorelement degradiert. Er lässt sich in vielen Bereichen nicht mehr als strukturelles Element erklären.

Auf der anderen Seite, dort, wo nicht ein Prachtbau verlangt wurde, reduzierte sich in der Folgezeit, d.h. im späten 19. und Anfang des 20. Jahrhunderts, das Gestaltungsprogramm immer mehr. Die Sorgfalt ließ nach. Auch die Kunst, mit Terrakotta-Tafeln mit künstlerischen Details von großer Plastizität Fassaden zu formulieren, auf die hier nicht näher eingegangen wird, ging mehr und mehr verloren. Dekor, das Bildprogramm, bedeutete nun die simple Gestaltung zum Beispiel der Friese mit Zahnschnitt, Roll- oder Sägeschichten. Die Fassaden selbst blieben flächig. Die eigentliche Struktur bei Schinkels Bauten war dann für Peter Behrens und Mies van der Rohe eine wichtige Basis. Max Stemshorn hat explizit den Einfluss von Karl Friedrich Schinkel auf das Werk von Mies van der Rohe herausgearbeitet, insbesondere in seiner frühen Zeit vor dem 1. Weltkrieg.[8] Was dann in den frühen Achtzigern

---

8. Max STEMSHORN, Mies & Schinkel. Das Vorbild Schinkels im Werk Mies van der Rohes, Tübingen 2002.

des letzten Jahrhunderts mit Schinkel geschah, in der so genannten Postmoderne, auch die ist bereits Geschichte, hat Oswald Mathias Ungers – ich möchte ihn nochmals hier zu Wort kommen lassen – damals noch kämpferisch beobachtet:

> „Der Stil stimmt. Er lässt sich glänzend beschreiben, nachahmen, verändern, zitieren und fortsetzen. Das Spektrum des Meisters ist so komplex, dass sich jeder frei bedienen kann, der klassisch Veranlagte so gut wie der Romantiker, der Technologe so gut wie der handwerklich bewusste Baumeister alten Stils, der unverbesserliche Formalist so gut wie der tiefgründige Zeichensetzer. Alle passen sie unter den weiten Mantel des ‚man for all seasons'. Bei ihm finden sie alle Platz. Er ist in allen Stilen, Techniken und Methoden zu Hause."[9]

Emilio Rodriguez Ayuso, Escuelas Aguirre (1884-1887), Zona central de la torre. Panel de la serie entera, aus: Josep Maria Adell Argilés, Arquitectura de ladrillos del siglo XIX. Técnica y forma, Madrid ²1987, S. 192.

Zum Verständnis der Fassaden Schinkels und zu ihrer Einordnung aus heutiger Sicht sei Hans Kollhoffs Appell an die Bauherrn zitiert, des Berliner Architekten, der sich von Anfang an für die Rekonstruktion der Bauakademie am meisten engagiert hat:

---

9. Oswald Mathias UNGERS (wie Anm. 2), S. 245 ff.

„Leisten Sie sich das Quäntchen Mehraufwand, das aus einer Kom-
merzkiste ein respektables Stück Architektur macht, auch wenn Sie
das Gefühl nicht loswerden, dass dies nur ein marginaler Anteil der
Konsumenten zu schätzen weiß. Der Versuch, in Hauseinheiten anstatt
in Megastrukturen zu denken, ist ja gekoppelt an der Hoffnung, den
Bauherrn aus der Anonymität hervortreten zu lassen als Person, die sich
mit der Architektur identifiziert."[10]

Emilio Rodriguez Ayuso, Escuelas Aguirre (1884-1887),
Detalle de la torre central, aus: Ramón Guerra de la Vega,
Guía de Madrid Siglo XIX, Bd. 2, Madrid 1993, S. 30.

Es geht Kollhoff hier um nicht mehr und nicht weniger als um
die schlichte, aber mit größter Sorgfalt erarbeitete Konzeption einer
Hausfassade. Dafür stehen für ihn die Bauakademie von Schinkel und
in der Folgezeit die vielen von finanzkräftigen Bauherrn der Wirtschaft
errichteten Ziegelbauten allein schon im Bereich des Industriebaus.

10. Hans KOLLHOFF, Stumpfsinn und öffentliche Meinungsbildung, in: Der Tagesspiegel,
4. Oktober 1992, S. 3.

Jetzt, wo das Vergabeverfahren zum Wiederaufbau begonnen hat, hat sich Kollhoff nochmals zum Ziel seines Vorhabens geäußert:

> „Es soll hier ein lebendiger Ort der Architektur entstehen, also kein Museum. Wir wollen sowohl mit den Schätzen der Berliner Architektursammlungen als auch mit dem Engagement unserer gewählten Mitglieder, Umweltgestaltung in ihrer ganzen Vielfalt präsentieren, in Form von Symposien, Ausstellungen, aber auch als Ergebnis ambitionierter Lehre und Forschung. Und wir wollen die Baupraxis in dieses Unternehmen einbinden, denn auf der Baustelle trifft man auf die gleichen Probleme, die wir Planer und unsere Gesellschaft insgesamt haben. Dieses Anliegen ist nicht neu. Es ist die gleiche Aufgabe, die sich vor zweihundert Jahren Schinkel und Beuth und vorher noch Friedrich Gilly, der Spiritus Rector der Bauakademie, widmeten."[11]

Enrique Fort, Vista del Palacete de Osma (1889-1893), aus: Ramón Guerra de la Vega, Guía de Madrid Siglo XIX, Bd. 2, Madrid 1993, S. 164.

11. Hans KOLLHOFF, Mitteilungen des Vereins Internationale Bauakademie Berlin, Berlin 2008.

Kaum ein Baumaterial wird so häufig hinsichtlich seiner formalen und ästhetischen Qualitäten Beurteilungen unterworfen wie der Ziegel. Die Materialwahl ist eng verbunden mit der baugeschichtlichen Entwicklung des Mauerwerkbaus. Der ornamentale Schmuck wurde zur Reputation des Erbauers oder als Ausdruck eines Gestaltungswillens angebracht. In der Ziegelverwendung blieb dieser Konflikt zwischen der einfachen Lösung einer Mauerwerksaufgabe und dem Wunsch nach Verwirklichung gestalterischer Ansprüche bis zum heutigen Tag einer der Hauptaspekte. Ohne die gesamte Baugeschichte darlegen zu wollen, waren es die letzten 200 Jahre, die hier die wesentlichen Impulse gegeben haben. David Gillys „Handbuch der Land-Bau-Kunst" von 1797 wies erstmalig auf den Weg zu einfachen, materialgerechten Konstruktionen für den Mauerwerksbau hin, Konstruktionen, die die Karl Friedrich Schinkel mit seinen Berliner Bauten als großstädtische Architektur zu Beginn des 19. Jahrhunderts umsetzte, immer unter Berücksichtigung von Vorbildern aus der Baugeschichte. In der Folge kann ein Großbau wie die Verwaltung der Mannesmannröhren-Werke AG in Düsseldorf von Peter Behrens von 1912 herangezogen werden. Behrens bezeichnete in seinen Anmerkungen zum Neubau die verblendeten Fassaden der Außenfronten als Anleihe an die Monumentalität des Palazzo Strozzi in Florenz.[12] In geschickter Weise täuschen die Schaufronten einen Massivbau vor. In Berlin sind in diesem Zusammenhang der Borsigturm von Eugen Schmohl (1922-1924) und vor allem das Ullsteinhaus (1925-1926), ebenfalls von Schmohl, zu nennen. Sie weisen allerdings expressionistische Gestaltungsformen auf.

Welche Beziehungen sind nun mit dem Ziegelbau in Spanien im 19. Jahrhundert herzustellen? Schinkel war in Europa unterwegs gewesen. Ziegelbauten hat er aber nur in Italien – dort vor allem in Ferrara und Bologna – und danach in England, Schottland und Flandern gesehen. Bei den Ziegelbauten in Ferrara und Bologna zitiere ich Schinkels Worte aus einem Brief an David Gilly. Schinkel nimmt bereits hier den modernen Ziegelbau sozusagen vorweg:

> „Sie haben etwas für uns sehr Anwendbares, was ebenso sehr der So-
> lidität unserer Gebäude als ihrer Schönheit Vorteil bringen würde; das
> ist der Bau mit gebrannten Ziegeln, den man hier in manchen Kirchen
> und Palästen in der höchsten Vollkommenheit sieht. Die Masse, aus der
> dies Material gebrannt ist, begünstigt durch ihre vorzügliche Güte die
> Arbeit. Man erstaunt über die Akkuratesse in der Ausführung. Die äuße-
> ren Fassaden, welche keine fehlerhafte Arbeit unter einem Kalküberzug

---

12. Vgl. Wilhelm BUSCH, Ziegel im Bürobau: Zwischen Klischee und Neubewertung, München 2006, S. 211.

zu verstecken haben, zeigen die glatteste Ebene, durchschnitten mit den gleichsten horizontalen Fugen, die der feine Kalk vollkommen ausfüllt und fast unsichtbar macht."[13]

In England hat er die Fabrikgebäude gesehen, zum Beispiel in Manchester. Schinkel war insgesamt vom dortigen technischen Fortschritt und der „Modernität" fasziniert. Dies belegt auch ein Blatt aus Schinkels Tagebuch mit den Fabriken von Manchester aus dem Jahr 1826, publiziert in der Monografie von Andreas Haus von 2001.[14] Interessant dabei ist, dass die Zeichnung vier Jahre vor Baubeginn der Bauakademie entstanden ist. Natürlich ist hier bei seinen Eindrücken von der Ästhetik des rein Konstruktiven nichts zu sehen – doch das Einfache, das Repetitive ist ablesbar.

José Espelius Anduaga und Manuel Muñoz Monasterio, Plaza de Toros de Las Ventas, 1920-1931, Fotografie.

Mit Spanien hat das nichts zu tun. Die bedeutenden Bauten dieses Landes, auch hier geht es natürlich allein um die Ziegelfassaden, sind rund fünfzig Jahre später entstanden. In Spanien erlebt der Ziegelbau erst zu dieser Zeit eine große Blüte. Dennoch sind bescheidene wenn auch verblüffende Parallelen zu ziehen. Es geht nicht um die Konstruktion, die technischen Einzelheiten, die sicherlich voneinander abweichen

13. Helmut BÖRSCH-SUPAN, Karl Friedrich Schinkel. Architektur, Malerei, Kunstgewerbe, Ausst.-Kat. Berlin 1981, S. 96.
14. Andreas HAUS, Karl Friedrich Schinkel als Künstler, Berlin: Deutschern Kunstverlag, 2001.

und eine nähere Betrachtung erfordern, es geht rein um die Gestaltung, den Aufbau der Fassaden. Auch hier ist die hohe Schule des Maßes und des Maßhaltens zu erkennen. Es ist deutlich auszumachen, dass die meist prachtvollen Bauten eine Ordnung aufweisen, die Repetition einfacher Elemente, kombiniert mit ornamentaler Ausgestaltung, die ohne weiteres in der Folge von Schinkel betrachtet werden können. Es ist eine gewisse Verwandtschaft im Denken und Umgang mit einem Material zu erkennen. Allerdings sind auch in Spanien in der zweiten Hälfte des 19. Jahrhunderts nahezu keinerlei Grenzen der Gestaltung mehr vorgezeichnet. Diese Flexibilität in ästhetischer und stilistischer Hinsicht zeigt auch hier den außergewöhnlichen Variationsreichtum der Ziegelbauweise, das kompositorische Element eines wirklich universellen Baumaterials, das mit den durch den Herstellungsvorgang gegebenen normierten Größen eigentlich ein ganz einfaches Produkt ist. Baumaterial ist wie es ist, aber in Spanien sind es auch spezifische Traditionen, die ihren Niederschlag in den architektonischen Werken gefunden haben, wenn man das Spiel zwischen Konstruktion, der Fassadenordnungen und den dekorativen Grundmustern betrachtet.

Um eine deutlichen Bezug des spanischen zum deutschen Ziegelbau des frühen 19. Jahrhunderts oder gar eine Rezeption beschreiben zu können, sind weitere Forschungen erforderlich, die diese Verbindungen deutlicher machen könnten. Fest steht, dass im späten 19. Jahrhundert die Informationen da waren.[15] Publikationen wurden überall bekannt, weitergereicht und studiert. Und fest steht auch, dass 1875 das Buch von dem königl. Geheimen Ober-Baurat August Ferdinand Fleischinger und dem königl. Land-Baumeister W. Becker in Barcelona unter dem Titel „La Arquitectura de ladrillos de edificios berlineses" in spanischer Sprache erschien.[16] Die Originalausgabe dieses Buches kam 1859 unter dem Titel „Die Mauer-Verbände. Die Mauerwerks- und Stein-constructionen" in Berlin heraus.

Mit diesem Buch hatten die Architekten in Spanien neben zwei in der Zeit wichtigen französischen Büchen, ein Lehrbuch an der Hand, aber es bedarf auch hier einer präzisen Analyse, damit die Bezüge zumindest bei einigen der Fassaden zu einem klaren Ergebnis führen.

Alles bleibt also spekulativ. Und stellt man Vergleiche an, so sind bei den Fassaden der spanischen Bauten – wie bereits erwähnt – in der

---

15. Josep Maria ADELL ARGILÉS, Arquitectura de ladrillos del siglo XIX. Técnica y forma, Madrid: Fundación Universidad-Empresa, ²1987.

16. A.F. FLEISCHINGER/ W.A. BECKER, Arquitectura de ladrillos... según fábricas modelos ejecutados para instrucción de la Real Academia de Arquitectura de Berlín, Barcelona: Fabre, ²1875.

Regel deutlich mehr Ornamente vorhanden, selbst die Wandfelder, die
Ausfachungen, werden durch die Art einer kunstvollen Vermauerung zur
Relief-Dekorfläche. Die Gründe hierfür liegen auf der Hand. Sie sind
in der spanischen Kunstgeschichte mit einer eigenen Formenwelt aus
anderen Einflüssen begründet. Die Ornamente weisen oft einen immensen
Reichtum auf, der allein die handwerklichen Fähigkeiten bewundern lässt.
Dennoch geben die Steine im Gesamteindruck allen Gestaltungen einen
festen Rahmen, der nach Ausgewogenheit und Disziplin verlangt.

Als Beispiele näher betrachtet werden sollten das Hospital del Niño
Jesús von Francisco Jareño y Alarcón (1879-1885), der Palacio Nacional
de las Artes y las Industrias von Fernando de la Torriente und Emilio
Boix (1881-1887) und die Escuelas Aguirre von Emilio Rodríguez Ayuso
(1884-1886), alle in Madrid, aber auch zahlreiche schlichtere Bauten wie
das Palacete de Osma von Enrique Fort y Guyenet (1889-1893) und die
im letzten Jahrhundert rekonstruierte Plaza de Toros von Rodríguez Ayuso
und Alvarez Capra, ebenfalls Madrid, wie beim Kinderkrankenhaus mit
rhombenförmigen Ziegelpaneelen gestaltet (bereits 1874 fertiggestellt,
also ein Jahr vor Erscheinen des Buchs von Fleischinger und Becker).
Aus Barcelona ist das Restaurante del Parque von Domenech y Montaner
(1888) zu nennen. Die Tradition setzte sich fort. Aus den fünfziger Jahren
des 20. Jahrhunderts möchte ich vor allem Miguel F erwähnen, sein
Institut für Mikrobiologie (1951) und seine Dominikanerkirche (1955),
beide in Madrid. Sein eigentümlicher Umgang mit dem Ziegel, neben
der Verwendung verschiedener Verfugungsbilder entwickelte er ein neues
Hohlziegelformat, das dem Bau ein schuppenartiges Äußeres gibt, war
für viele Architekten eine wichtige Anregung.

Der Ziegelbau hat auch weiterhin in der Architektur Spaniens einen
wichtigen Stellenwert, wie es beispielsweise die Bauten heutiger
Architekten wie Rafael Moneo und Cruz/Ortiz zeigen. Genannt sei hier
nur Moneos berühmtes Museum in Mérida und sein 2007 fertig gestellter
respektvoller Anbau des Prado in Madrid. Auch Juan Navarro Baldeweg hat
mit großer Klarheit Ziegelfläche in seine schlichte Architektur integriert,
zum Beispiel beim Sitz der Regierung von Extremadura in Mérida
(1992). Auch einige aus der neuen Generation spanischer Architekten
folgen ihren Wegen. Basis bleibt aber die Baugeschichte, der frühe
Ziegelbau, und der Ziegelbau in Serie zu Beginn des 19. Jahrhunderts.
Damals entstand in Berlin ein Prototyp, die Fassade der Bauakademie
von Karl Friedrich Schinkel, von der bisher – sozusagen als Training
– nur eine 22 Meter hohe Nordost-Hausecken-Musterfassade wieder
errichtet wurde und die Rekonstruktion des gesamten Baukörpers sehr
bald erwartet werden kann.

CIUDAD Y LITERATURA:
LA REGENTA Y EFFIE BRIEST

JUAN CALATRAVA
Universidad de Granada

Sólo diez años separan la publicación, en España y en Alemania, de dos de las novelas más importantes del siglo XIX: *La Regenta* (1884-85)[1], del español Leopoldo Alas "Clarín" (1852-1901), y *Effie Briest* (1895)[2], del alemán Theodor Fontane (1849-1898).

Ambas obras presentan no pocos puntos en común, aunque también sustanciales diferencias, y un estudio comparativo entre ellas puede ser de indudable utilidad no ya sólo desde el punto de vista estrictamente

---

1. Las citas de La Regenta que aparecen en este estudio remiten a la edición utilizada, a cargo de Mariano Baquero Goyanes, Madrid, Espasa, 1999. De entre la numerosísima bibliografía clariniana me limito a señalar la trascendencia del estudio de MARESCA, M., *Hipótesis sobre Clarín. El pensamiento crítico del reformismo español*, Granada, Diputación Provincial, 1985.

2. Las notas a continuación están referidas a la traducción española de *Effie Briest*, a cargo de F. de Ocampo, Barcelona, Bruguera, 1982. Además de *Effie Briest*, se han utilizado las siguientes traducciones de otras obras de Theodor Fontane: *Errores y extravíos*, edición a cargo de Ana Pérez, Madrid, Cátedra, 1984; *El Stechlin*, Madrid, Alfaguara, 1988; *Mes années d'enfance. Roman autobiographique*, Nimes, Editions Chambon, 1996; *Cécile*, edición a cargo de Jacques Legrand, París, Flammarion, 1994; *La adúltera*, Madrid, Alba, 2001; *Accross the Tweed. Notes on Travel in Scotland, 1858*, Londres, Phoenix House, 1965. De entre la amplísima bibliografía existente sobre Fontane, han resultado de especial utilidad para el presente trabajo : Catálogo Exposición *Fontane und die bildende Kunst*, Berlín, Henschen Verlag, 1998; CRAIG, G.A., *Theodor Fontane. Literature and History in the Bismarck Reich*, Nueva York-Oxford, Oxford University Press, 1999; THURET, M. (ed.), *Theodor Fontane. Un promeneur dans le siècle*, Asnières, Publications de l'Institut d'Allemand, 1999.

literario (del que no nos ocuparemos en este trabajo) sino también, como
en el presente caso, para un análisis específico desde los intereses de
la historia urbana.

Max Liebermann, Retrato de Theodor Fontane, 1896.

En efecto, para los historiadores de la arquitectura y el urbanismo
la presencia de la temática arquitectónica y urbana en otros campos de
la cultura contemporánea (literatura, artes plásticas, filosofía, etc.) comienza a convertirse, por fortuna, en un tema de estudio cada vez más
importante y atendido. Se reconoce ya la pertinencia y la autonomía de
las reflexiones de los escritores, artistas o filósofos para el conocimiento
de los hechos edilicios o urbanos, e igualmente se ha llegado comprender que tales reflexiones exteriores pueden no sólo proporcionarnos
informaciones concretas de detalle (que, sin embargo, hasta hace bien
poco, eran consideradas como secundarias, poco menos que adornos
prescindibles, en relación con el discurso "verdadero" de arquitectos
o urbanistas), sino también ofrecernos un terreno privilegiado para la
observación de las relaciones entre las especificidades disciplinares y

el humus cultural más global en el que se integran y del que no se las puede amputar arbitrariamente.

En esta línea, disponemos ya de un número creciente de investigaciones (de rigor e interés ciertamente desigual) sobre el papel desempeñado por los edificios, las arquitecturas, los marcos urbanos, los entornos espaciales y las referencias topográficas en la obra de algunos de los grandes escritores decimonónicos: han sido estudiados, así, el París de Balzac, el Londres de Dickens, la relación entre ciudad histórica y modernidad en Victor Hugo, las grandes evocaciones del París de Haussmann en los poemas de Baudelaire o en el ciclo de los Rougon-Macquart de Zola, la peculiar relación con su ciudad de los escritores de la Viena fin de siglo, la mitificación de Granada en la obra de Ángel Ganivet, el Madrid de Benito Pérez Galdós, etc. Sin embargo, el campo de investigación abierto sigue siendo muy amplio y ofrece, además, la posibilidad de referencias cruzadas y comparativas como la que propongo a continuación.

Max Liebermann, Ilustración de Effie Briest, Berlín.

Effie Briest y *La Regenta* muestran, de partida, un importante punto en común que justifica su estudio comparativo desde la óptica de la historia urbanística: en ambas obras, el hilo argumental está constituido por un adulterio que pone en cuestión la aparente solidez del nuevo mundo de la burguesía decimonónica. Tal coincidencia no es sorprendente si se recuerda la importancia del tema del adulterio en la literatura de finales del siglo XIX y cómo el engaño matrimonial y sus consecuencias constituyen, igualmente, el centro de obras capitales como la *Madame Bovary* de Flaubert (1857), *Ana Karenina* de Tolstoi (1877) o *El primo Basilio* de José María Eça de Queiroz (1878).

Pero, a efectos de la relación entre literatura y reflexión urbanística, hay un segundo rasgo común que nos interesa de manera especial: este cuestionamiento de la institución del matrimonio burgués tiene lugar, tanto en el relato de Clarín como en el de Fontane, en el marco asfixiante de una pequeña ciudad de provincias que se convierte en el escenario privilegiado de las tensiones entre viejos y nuevos modos de vida. En el caso español, el telón de fondo es, como se sabe, la imaginaria ciudad de Vetusta (en realidad, trasunto de Oviedo), ejemplo de ciudad provinciana somnolienta e inmóvil pero que ya en cierta medida se ha visto y se ve afectada por las nuevas dinámicas económicas y, sobre todo, sociales del nuevo panorama industrial. En el caso de Fontane, la situación es más compleja, porque, frente al escenario único de *La Regenta*, en *Effie Briest* la evolución de la trama se articula sobre no menos de tres marcos arquitectónicos y urbanos diferentes: al inicio y al final, en el origen y en el retorno a la tierra de Effie, la casa natal de Hohen-Cremmen; a continuación, la provinciana ciudad báltica de Kessin, el lugar donde estalla el conflicto aunque por el momento quede larvado; y, por último, el Berlín guillermino, en el que el frenesí del nuevo modo de vida metropolitano termina por precipitar la crisis.

El protagonismo femenino es evidente ya desde el propio título de las dos obras: en ambas novelas, éste está formado simplemente por el nombre (Effie Briest) o el apodo (La Regenta) de la mujer que terminará consumando el adulterio, haciendo estallar el conflicto, y que, sin embargo, más que nueva versión de la Eva inductora al pecado, resulta ser sobre todo víctima. Es el eslabón más débil por el que se rompe la frágil construcción de la familia burguesa. Y esta ruptura presenta una inmediata inscripción topográfica sobre una ciudad aparentemente en equilibrio pero que de inmediato revelará, ante el estallido del conflicto, la fragilidad de su trama en medio de los nuevos conflictos por el poder sobre el espacio urbano.

En efecto, al lado del de la mujer y sus conflictos, existe igualmente otro protagonismo no menor: el de las ciudades en que esos conflictos se desenvuelven (y quizás sería el momento de reflexionar sobre la secular tradición de asignar a las ciudades el género femenino). La trama del relato no es indiferente a su localización espacial. Los hechos no podrían ocurrir en cualquier lugar, sino exactamente donde ocurren, y desde el principio queda claro que los adulterios de Ana Ozores "La Regenta" y de Effie Briest no son debidos tanto a una predisposición pecaminosa de la Mujer, en general, como a una respuesta individual, en gran medida involuntaria y marcada por el azar, a un ambiente hostil. En los dos casos, la asfixia y el hastío de la pequeña ciudad son el detonante de una situación que, sin embargo, se encuentra larvada desde el mismo momento de la realización de un matrimonio convencional, aunque sólo como posibilidad que no llegará a materializarse más que en el favorable caldo de cultivo cerrado de la pequeña ciudad de provincias.

En *La Regenta* el escenario es, como se ha dicho, prácticamente único: se limita a la ciudad de Vetusta y sus alrededores, lo que determina un espacio mucho más claustrofóbico y agobiante que en la obra de Fontane. Ello provoca, por otro lado, el resultado de que algunos ámbitos espaciales concretos ganen en protagonismo y sean objeto de elaboraciones y descripciones más ricas y detalladas que en el relato de Fontane.

Un elemento diferenciador con respecto a la situación alemana reflejada en *Effie Briest* es, por supuesto, el abrumador peso de la Iglesia sobre la vida ciudadana en la España de finales del XIX, haciendo del elemento clerical y de su influencia, como es bien sabido, un componente esencial de la trama. Pero ello tiene, por lo que respecta a nuestro interés, una directa consecuencia sobre la estructuración topográfica de la narración: el lugar central que en ella ocupa la catedral. La novela de Clarín se abre con la muy conocida imagen panóptica de la ciudad que, desde lo alto de la torre, obtiene con su catalejo el Magistral, D. Fermín de Pas, poderoso eclesiástico que controla tanto las conciencias[3] como una significativa parte de la vida económica de la ciudad y para el que la visión panorámica de la ciudad (sin lugar para la mirada paisajística al campo) es toda una metáfora de sus expectativas de triunfo sobre la misma[4]. Equivalente eclesiástico del personaje de Aristide Saccard en *La Curée* de Émile Zola, el Magistral concibe explícitamente la ciudad de Vetusta como una "presa" y se ve a sí mismo como el ave rapaz devoradora que tiene que disputar esa presa, ante todo, a los miembros de su propia

---

3. Es muy significativo que el dominio del Magistral sobre las almas sea descrito por Clarín en términos de una verdadera "topografía" de las conciencias: *"El Magistral conocía una especie de Vetusta subterránea: era la ciudad oculta de las conciencias. Conocía el interior de todas las casas importantes y de todas las almas que podían servirle para algo [...] Relacionaba las confesiones de unos con las de otros, y poco a poco había ido haciendo el plano espiritual de Vetusta"* (op. cit., p. 321).

4. *"No se daba por enterado de cosa que no viese a vista de pájaro, abarcándola por completo y desde arriba [...] Llegar a lo más alto era un triunfo voluptuoso para De Pas [...] No miraba a los campos, no contemplaba la lontananza de montes y nubes; sus miradas no salían de la ciudad"* (op. cit., pp. 133-134).

especie, al resto de los eclesiásticos prebendados que componen, en el mundo cerrado cubierto por las bóvedas de la catedral, un verdadero microcosmos que constituye el último círculo concéntrico de Vetusta. El Magistral esgrime, así, frente al poder tradicional derivado de la pacífica sucesión de las generaciones mediante el mecanismo de la herencia, el cambio repentino y dramático en la correlación de fuerzas de la ciudad representado por la metáfora guerrera y política de la *conquista*[5]: es el dominio de la ciudad lo que está verdaderamente en juego detrás de la simple conquista amorosa de la Regenta.

Portada de la primera edición de La Regenta, 1885.

5. *"¿Qué habían hecho los dueños de aquellos palacios viejos y arruinados de la Encimada que él tenía allí a sus pies? ¿Qué habían hecho? Heredar. ¿Y él? ¿Qué había hecho él? Conquistar"* (op. cit., p. 135).

Desde su campanario, en una evidente evocación del "Paris à vol d'oiseau" que había descrito Victor Hugo en *Notre-Dame de Paris*, el Magistral planea sobre su presa, observa los viejos palacios del barrio de la Encimada, donde la aristocracia convive con la pobreza, los chalets de la Colonia, el barrio de los nuevos ricos *"tirado a cordel"* y también la incipiente área obrera, ese Campo del Sol hacia el que el Magistral no puede evitar dirigir miradas recelosas.

Y desde lo alto del campanario contempla también el segundo polo espacial de la trama del relato, la casa-palacio de don Víctor Quintanar, ex Regente de la Audiencia, y de su esposa Ana Ozores, "la Regenta", con su amplio jardín conocido como "el Parque" (en el cual realiza, por lo demás, experimentos de botánica el gran amigo del Regente, "Frígilis", caracterizado por Clarín como *"personaje darwinista"* y que tiene, como enseguida veremos, evidentes paralelismos con el personaje de Gieshübler de *Effie Briest*). El palacio de los Ozores carece, por lo demás, de dignidad arquitectónica, siendo *"de fachada ostentosa, recargada, sin elegancia"*[6], en cuyo interior hay muebles vulgares y elementos como una *"chimenea de campana, churrigueresca, exuberante de relieves de yeso, pintada con colores de lagarto"*[7]

Junto a la catedral y la casa-palacio de la Regenta, el tercer lugar clave es, por último, el Casino. Alojado en un caserón solitario y húmedo, pese a las tentativas de mudanza de los socios más jóvenes[8], el Casino es la sede de la mediocre e inculta[9] sociabilidad del elemento masculino de Vetusta, en el que reina Álvaro Mesía, un sucedáneo provincial de Don Juan que, cuando menos, ha visitado la exposición de París de 1867 y ha sacado de sus viajes a la capital francesa una especie de materialismo cínico de uso personal.

Con estos elementos Clarín construye un extraño triángulo amoroso del que está excluido el marido: son el Magistral y Álvaro Mesía quienes se disputan el amor de la Regenta en una paciente labor de seducción en la que uno utiliza las armas espirituales que le proporciona su papel de confesor y el otro las mundanas. En realidad la conquista de La Regenta puede leerse en clave de la lucha por el poder sobre la ciudad entre la Iglesia y la nueva burguesía, y conviene recordar, en este sentido, cómo en el marco cerrado de Vetusta es la figura de Alvaro Mesía

---

6. *Op. cit.*, p. 282.

7. *Op. cit.*, p. 302.

8. *"Tres generaciones habían bostezado en aquellas salas estrechas y oscuras, y esta solemnidad del aburrimiento heredado no debía trocarse por los azares de un porvenir dudoso en la parte nueva del pueblo, en la Colonia"* (*op. cit.*, p. 226).

9. *"...miraban a la biblioteca como si estuviera pintada en la pared"* (*op. cit.*, p. 229).

prácticamente la única que evoca contactos con ese mundo exterior que ya se ha puesto en movimiento, despertando siempre entre sus oyentes y contertulios los ecos de todo lo que en esos momentos de cambio significa "Madrid"[10].

Pero la tela de araña que se va cerrando en torno a Ana Ozores está jalonada por recorridos que nunca salen al exterior del cerrado mundo de Vetusta: los interiores de las casas de la élite, el teatro[11], el casino, los paseos públicos andados una y otra vez (en especial el paseo del Espolón, lugar de encuentro entre la ciudad vieja y el ensanche y, precisamente por ello, muy relevante en el desarrollo de la trama) y las quintas de recreo en la periferia rural de la ciudad (como la quinta del Vivero, en la que destaca la presencia del invernadero, un elemento que también encontraremos en *Effie Briest*)[12], todo ello siempre bajo la sombra de la torre de la catedral o, cuando menos, al alcance del sonido de sus campanas. Si la novela se abría con la vista panóptica desde la torre, las calles de Vetusta son el escenario de uno de los principales episodios de la guerra entre el Magistral y Mesía: la procesión en la que la Regenta, penitente y descalza, parece escenificar ante toda la ciudad el triunfo del eclesiástico, finalmente frustrado[13]. Al final será también la catedral, aunque ahora su interior, el escenario de la última humillación de la protagonista tras el trágico desenlace del duelo.

También en *Effie Briest* la trama argumental aparece absolutamente determinada por los lugares, que resultan determinantes para los avatares de los personajes. La casa natal de Effie en Hohen-Cremmen, la ciudad de Kessin, en Pomerania, adonde se traslada tras su matrimonio con el burócrata Instetten, y Berlín son los tres polos topográficos en torno a los que se anudan los acontecimientos. Estos tres polos no son, además, etapas que se vayan dejando atrás en un avance lineal, sino puntos de referencia de múltiples desplazamientos (tanto físicos como emocionales) que no serían posibles sin el gran icono del siglo XIX: ese ferrocarril, cuya presencia es muy importante en el desarrollo de la novela de Fontane y, por el contrario, prácticamente nula en el mundo

---

10. Así, la "bolsa" de Don Álvaro, es decir, su palco en el teatro reúne a quienes "... *habían vivido en Madrid algún tiempo y todavía imitaban costumbres, modales y gestos que habían observado allá*" (*op. cit.*, p. 457).

11. "...*un antiguo corral de comedias que amenazaba ruina y daba entrada gratis a todos los vientos de la rosa naútica*" (*op. cit.*, p. 452).

12. "*¡Si esto fuera nuestro!, pensaba a veces Quintanar contemplando la plantas exóticas de los anaqueles atestados y de los jarrones etruscos y japoneses más o menos auténticos*" (*op. cit.*, p. 682).

13. *Op. cit.*, pp. 668-676.

mucho más cerrado y claustrofóbico de la Vetusta de Clarín, sin apenas contacto con el mundo exterior.

La casa señorial de Hohen-Cremmen representa la cristalización nostálgica del mundo sencillo de una sociedad agraria y paternalista en trance de desaparición. Es una casa en la que se ha producido ya el cambio, no físico pero sí conceptual, de casa patriarcal a *villa*, y es en ella donde se abre y se cierra, "de la cuna a la tumba", el ciclo de la vida de Effie Briest. En la casa familiar el ambiente apenas tiene relación con ese mundo urbano que eclosionaba por toda Alemania: es el retiro rural apacible y civilizado de una familia acomodada y fuertemente anclada en el lugar, que vive todavía de sus rentas agrarias y que ejerce sobre su entorno inmediato una influencia moral que va mucho más allá de su mero status económico (sobre el cual, por otro lado, se ciernen ya sombras amenazadoras).

Juan Martínez Abades, retrato de Leopoldo Alas "Clarín".

La familia feliz de Hohen-Cremmen, que forma una unidad indisoluble con su casa, representa así el ideal de una nobleza agraria paternalista en trance de desaparición o adaptación –un tema éste, el del paternalismo rural de los caciques locales, que en España desarrollará de manera especial otro gran escritor contemporáneo de Clarín, el cántabro José María de Pereda, en su novela *Peñas arriba*, publicada exactamente el mismo año que *Effie Briest*, en 1895. La clase social representada por los padres de Effie se encuentra en el justo medio entre la búsqueda de una ubicación propia en el desarrollo económico y social de la nueva Alemania (no desdeña los contactos exteriores con la gran ciudad ni mucho menos la demoniza) y el mantenimiento nostálgico de los valores de esa "pequeña comunidad" sobre la que justo por esos mismos años teorizaba Ferdinand Tönnies en su célebre *Gemeinschaft und Gesellschaft* (1887).

La casa de Hohen-Cremmen es una villa cómoda, pero no lujosa, en la que Effie crece en medio del contacto con la naturaleza y de una sociabilidad ingenua de claros tintes rousseaunianos. De hecho, será definida como un *"producto de la Naturaleza"* por su propio padre, que teme que su marido Instetten "la atormente un poco con su entusiasmo por las cosas artísticas"[14]. En esa casa familiar idílica, el jardín hace las veces, como no podía ser menos, de verdadero espacio doméstico, al tiempo que el interior de la casa se abre hacia fuera a través de *"una amplia sala a modo de jardín de invierno, que ocupaba casi toda la extensión del ala lateral"*[15], es decir, de ese invernadero que tan alta significación simbólica adquirirá en la literatura de la segunda mitad del siglo XIX: un espacio particularmente refinado pero al mismo inquietante, en cuanto que marcado por la propia ambigüedad que le otorga su contradictoria combinación de transparencia y cierre, y así es como lo ven desde Balzac hasta Gautier o Maupassant y, más tarde, Proust o el Maeterlinck que da a una de sus principales obras poéticas justamente el título de *Serres chaudes*[16].

---

14. *Op. cit.*, pp. 42-43.

15. *Op. cit.*, p. 17.

16. Si el invernadero de la casa de los Briest sigue siendo un espacio doméstico tranquilizador, capaz de garantizar todavía el acuerdo entre la artificiosidad de los nuevos materiales de la arquitectura y el goce rousseauniano de la naturaleza, a menudo en la literatura decimonónica aparecerá, por el contrario, como un lugar particularmente refinado pero, por ello mismo, inquietante, debido sobre todo a la ambigüedad que produce su combinación de transparencia aparente y clausura hermética real. Vid. SAINT-GERAND, J.-P., "La Serre dans La Curée de Zola", *L'Information Grammaticale*, 31, octubre de 1986, pp. 27-33 ; CAMPMAS, A., « Les Fleurs de serres : Entre science et littérature à la fin du dix-neuvième siècle », apud HARKNESS, N. (ed.), *Visions / Revisions : Essays*

Theodor Fontane en su despacho de la Potsdamer Straße, Berlín, 1894.

Pero, al igual que ocurre en otra de las obras principales de Fontane, *El Stechlin*, este idilio inicial no puede mantenerse en la nueva sociedad. Un matrimonio sin amor lleva a Effie (tras el intervalo de un largo y poco satisfactorio viaje a Italia que inunda la casa paterna de esa otra invención del viaje moderno que son las tarjetas postales y que será después "recapitulado" en Kessin[17]) al terrible punto medio entre la inocencia rural y el ritmo desenfrenado de la gran metrópolis: la gris y pequeña Kessin, cercana a Rostock, en esa Pomerania en la que había transcurrido la infancia del propio Fontane.

Aún antes del traslado, un primer conflicto en torno a la decoración de la futura casa de la pareja plantea ya, antes incluso de conocer la ciudad, el carácter cerrado y tradicional de la misma. Cuando Effie expone a su madre su deseo de poseer *"...un biombo japonés con pájaros negros o dorados"* y *"una lámpara con un tulipán encarnado"*, ésta no cuestiona la belleza o el buen gusto de tales objetos en sí mismos, sino su adecuación a Kessin[18].

on *Nineteenth-Century French Culture*, Oxford, 2003, pp. 49-61 ; CALATRAVA, J., « Los jardines de Émile Zola », *Sileno. Variaciones de arte y pensamiento*, en prensa.

17. *Op. cit.*, p. 171.

18. *"Si llegas a Kessin, un pequeño lugar en donde por las noches apenas si luce una linterna, se reirían de semejante cosa"* (*op. cit.*, p. 34).

Y es que, en efecto, la sociedad de Kessin resulta ser de una medio-
cridad insoportable, de la que sólo se salva el personaje de Gieshübler,
farmacéutico (como lo fue el propio padre de Fontane) y figura claramente
emparentada con el Frígilis de *La Regenta*. Esta inmovilidad marca de
manera indeleble la vida de la ciudad, y ello pese a su carácter portuario
(que hace que haya en la población elementos foráneos)[19] e incluso pese a
la presencia estacional de los veraneantes (una incipiente intrusión de los
modos de vida modernos, que, sin embargo, aún no ha tenido tiempo su-
ficiente para introducir cambios significativos en ese cerrado mundo).

Las indiscutibles bellezas paisajísticas del lugar no bastan para disi-
par el sentimiento de opresión que embarga a la recién casada desde el
momento mismo de su llegada. La residencia oficial del consejero provincial es *"un edificio sencillo, algo anticuado, construido en el estilo
del país"*[20]. Instetten no rechaza la decoración y el confort domésticos:
la casa ofrece comodidades modernas de cocina, agua y electricidad y,
además, el marido de Effie ha encargado su arreglo global a un decorador
"muy original"[21]. La primera visita a la misma, en medio de un "derro-
che de luz", incluye el ofrecimiento a Effie, para su uso como espacio
privativo, de una habitación que da al jardín y tiene piano y alfombra.
Pero ya desde ese primer momento abundan signos premonitorios de
que algo extraño ocurre en la nueva morada. La la casa de Kessin es
opresiva y en ella Effie se encuentra rodeada por *"cosas semiextrañas
y semianticuadas"*[22], en una amalgama inquietante que se acentúa por
la presencia de habitaciones vacías y cerradas, espacios oscuros que
escapan a esa transparencia absoluta que había marcado el hogar de su
infancia. A todo ello se añade, además, la intromisión de un elemento
de narración de misterio de raigambre romántica (la historia del chino)
cuyo encaje en la narración resulta claramente chocante. En este ambiente
asfixiante, el adulterio de Effie ocurre casi como consecuencia lógica
del aburrimiento más que de la pasión[23].

Berlín, la gran metrópolis del anonimato, ese Berlín del que en las
tertulias de Kessin se habla con admiración lejana teñida de extrañeza[24],

---

19. Uno de los vecinos de los Briest es un escocés *"montador de maquinaria y draga-
doras Macpherson"* (*op. cit.*, p. 53).

20. *Op. cit.*, p. 56.

21. *Op. cit.*, p. 37.

22. *Op. cit.*, pp. 57-60.

23. El adulterio es un tema central también en la trama de otros relatos de Fontane, como
L'Adultera (1882) o *Unwiederbringlich* (1892).

24. Incluyendo el tema, frecuente en la literatura urbana de la época, de la facilidad y
despreocupación con que se cambia de residencia en la gran ciudad, frente a la estabilidad

será, por último, el escenario del cruel destino final de la adúltera, pero antes de eso prefigura su papel en diversos viajes breves, casi podría decirse que preparatorios, que realizan los protagonistas. Un primer viaje tiene como objetivo la adquisición del ajuar y caracteriza, por tanto, a Berlín como la metrópolis del lujo. El alojamiento en el Hotel du Nord y los recorridos por la Unter den Linden mirando escaparates para hacer las compras de cara al viaje de novios a Italia (compras en las que Effie revela de modo innato un gusto por lo más elegante y exquisito, una especie de adaptación sin esfuerzo al lujo de la metrópolis) alternan con la admiración del espectáculo urbano tal y como es contemplado desde los ventanales del café Kranzler o las visitas al Zoo y a la Galería nacional de pintura. Una segunda visita, muy breve, tiene lugar al retorno del viaje de novios a Italia; las dos horas de que disponen antes de tomar el tren a Stettin les permiten visitar *"el Panorama St. Privat"*[25].

El ascenso y traslado a Berlín de Instetten nos introduce, finalmente, de un modo definitivo en la vida metropolitana. Berlín, esa ciudad nueva en la que ya no hay lugar para los terrores irracionales que agobiaban a Effie en Kessin[26], aparece desde el principio marcada por el movimiento incesante, plasmado en esa omnipresencia de los tranvías que ya era anticipada desde Kessin por la criada Roswita[27], y por esa multitud que aturde a Effie ya desde su misma llegada a la estación de Friedrichstrasse.

En Berlín, la nueva vivienda del matrimonio Instetten está situada en la Keithstrasse, junto al Zoo, en *"un edificio nuevo, algo húmedo y todavía inacabado"*, representativo del crecimiento frenético del Berlín guillermino. La instalación en esta casa sin historia, casi aún por nacer, hace que Berlín equivalga para Effie a un verdadero re-nacimiento, a un corte que permite emprender una nueva vida: Effie asomada al balcón de su nueva casa y contemplando el panorama del Berlín en construcción

---

de la casa tradicional habitada a lo largo de generaciones de una misma familia: *"Cuando iban a vernos a Hohen.Cremmen amigos o parientes les he oído contar a menudo que en Berlín las familias se mudan de casa para evitar la simple molestia del ruido de un piano"* (op. cit., p. 92).

25. *Op. cit.,* p. 49. Se refiere al panorama pintado por E. Hünten e instalado en Berlín en 1881, que representaba la batalla de St. Privat, uno de los hechos de armas relevantes de la por entonces muy reciente guerra franco-prusiana. Sobre los panoramas y su papel en las ciudades del siglo XIX, vid. BORDINI, S., *Storia del panorama*, Roma, Officina, 1984; COMMENT, B., *The Panorama*, Londres, Reaktion Books, 2002.

26. *"Berlín ofrece la ventaja de no tener casas con fantasmas. ¿De dónde podrían salir?"* (op.cit., p. 217).

27. *"Ah señora, Kessin está bien pero no es Berlín...Allí los tranvías tirados por caballos, tocando el timbre, y sin saber si hay que apartarse a derecha o izquierda..."* (op. cit., p. 223).

constituye un remedo doméstico y femenino del Vautrin de *Le Père Goriot* de Balzac y su célebre "À nous deux!"[28].

Pero es justamente en Berlín donde el pasado reaparece para revelar la fragilidad de ese re-nacimiento: el descubrimiento por azar de las cartas cruzadas entre Effie y su antiguo amante de Kessin, el comandante Crampas, precipita el desenlace. Instetten mata en duelo a Crampas (y sus reflexiones sobre la inevitabilidad de ese duelo llenan algunas de las mejores páginas de la obra[29]). En cuanto a Effie, repudiada por su marido y por sus padres y privada de su hija, seguirá viviendo en el Berlín del anonimato (*"Lo mejor será que sigas viviendo en Berlín (en una gran ciudad es donde más llevaderas se hacen estas tribulaciones). Allí serás una de tantas que tienen su derecho a la vida, su puesto al sol y al aire libre"*) en un modesto (pero "extraordinariamente lindo") piso de la Königgratzstrasse, entre la Askanischer Platz y la Hallesches Tor y desde cuyas ventanas puede seguir contemplando el nuevo paisaje moderno del Berlín en movimiento incesante[30]. Tras un encuentro fortuito con su hija que tiene lugar –no podía ser de otro modo– en un tranvía, Effie terminará, tras el perdón paterno, por regresar a la vieja casa de Hohen-Cremmen para morir, cerrándose así el ciclo marcado por los tres lugares básicos de la Alemania fin de siglo: los restos del viejo mundo rural, la *kleine Stadt* y la *Gross Stadt*.

La Regenta y *Effie Briest* son, en suma, no sólo dos grandes obras literarias sino también dos profundas reflexiones sobre el modo en que acontecimientos representativos de las contradicciones de un momento histórico se articulan sobre espacios urbanos cuya importancia va mucho más allá de la un mero decorado y cuya definición literaria no puede prescindir de los debates arquitectónicos y urbanísticos contemporáneos, al igual que para el conocimiento de estos últimos resulta imprescindible la aportación de la imagen literaria y visual de la ciudad.

28. *"Al asomarse a la amplia balconada de mampostería, contempló ante ella, al otro lado del puente tendido sobre el canal, el gran parque denominado Tiergarten [...] Ahora, con la ayuda de Dios, a emprender una vida nueva"* (*op. cit.*, pp. 240-241).

29. *Op. cit.*, pp. 276-282. Sobre la problemática del *duelo* en el conflicto entre tradición y modernidad, vid. MACALEER, K., *Duelling: The Cult of Honor in Fin de Siècle Germany*, Princeton Un. Press, 1994.

30. Tal y como se lo hace notar el Dr. Rummschüttel, la única persona que la visita en su nueva vida de apestada social: *"...vea usted los distintos viaductos del ferrocarril, tres..., no cuatro, y vea usted cómo se deslizan los trenes, cómo desaparece de allá tras el grupo de árboles. Realmente magnífico. ¡Y cómo luce el sol a través de las blancas nubecillas de vapor! Si no se viese a lo lejos el cementerio de San Mateo sería ideal"* (*op. cit.*, p. 310).

NO PODRÍA PARECER MARAVILLA EL QUE LOS ARQUITECTOS ERUDITOS VOLVIESEN LA VISTA A LA ARQUITECTURA POLICRÓMATA – EL DEBATE EUROPEO SOBRE EL COLOR EN EL SIGLO XIX Y LA INTERVENCIÓN DEL ARQUITECTO

MARINA DEL CASTILLO HERRERA
Universidad de Granada

MARÍA OCÓN FERNÁNDEZ
Universidad Libre de Berlín

1. INTRODUCCIÓN

Tanto en las visiones generales sobre la arquitectura como en las publicaciones específicas sobre este tema, el debate europeo sobre el color ha sido considerado como el discurso arquitectónico por antonomasia del siglo XIX y el descubrimiento del color en la arquitectura de la Antigüedad clásica, como uno de sus logros más importantes. Ya con las primeras expediciones realizadas a finales del siglo XVIII, la polémica sobre el uso del color en la arquitectura se muestra como un amplio movimiento cultural europeo e interdisciplinar, en el que participan viajeros, *connoisseurs* e historiadores del arte, filólogos y arqueólogos así como escultores y arquitectos. La amplitud que desde un principio lo caracteriza contrasta con los límites marcados por la investigación posterior.

Será con la publicación de David van Zanten *The Architectural Polychromy of the 1830's* (1977), con la que este discurso se institucionalice a nivel académico y con la que a su vez se marquen las pautas de las publicaciones posteriores aparecidas sobre el tema. Su limitación cronológica a un supuesto punto álgido, alcanzado hacia los años treinta del siglo XIX, lleva a su autor a contemplar su desarrollo a través de países como Inglaterra, Francia o Alemania y de arquitectos como James Stuart y Nicholas Revett, Jakob Ignaz Hittorff, Gottfried Semper o el historiador del arte Franz Kugler. De esta forma, se consagran unos centros y protagonistas, con los que se identificará preferentemente esta polémica.

De carácter interdisciplinar, aunque conducida por arquitectos, la misma no quedará constreñida al plano meramente erudito, sino que incidirá directamente en la práctica arquitectónica del momento. Reflejo de ello es, precisamente, el título de nuestro trabajo y la cita que lo introduce, proveniente de un autor y de un país que hasta el momento han quedado al margen de toda consideración. Nos referimos a España y al arquitecto Francisco Jareño de Alarcón. Al igual que otros arquitectos europeos, Jareño considera el conocimiento sobre la Antigüedad como premisa para el acercamiento a la arquitectura de su propio tiempo. Dos disciplinas, la Filología y la Arqueología, actúan en este sentido como garantes del estudio e interpretación de las fuentes documentales de la Antigüedad: los restos arqueológicos y los textos clásicos. El debate adquiere así a lo largo de su desarrollo un marcado perfil arqueológico-filológico en detrimento del propiamente arquitectónico. Sin embargo, y siguiendo el planteamiento de este trabajo, ello no va a suponer la desaparición de la figura del arquitecto. Así lo demuestran, por un lado, su implicación con los textos greco-latinos, y por otro, sus dibujos, es decir, las reconstrucciones de los templos clásicos. En el primer apartado, y tomando en consideración a filólogos de la talla de Gottfried Hermann, se considerará la intervención del arquitecto como intérprete complementario de los textos. En la segunda y última parte, su intervención en esta polémica se cuestionará centrándonos en las reconstrucciones y en el papel de la imaginación y el color en ellas.

Por los aspectos aquí tratados y la colaboración conjunta entre especialistas de dos diferentes disciplinas, este trabajo puede suponer una nueva vía en la investigación sobre este tema.

2. EL ARQUITECTO ANTE LOS TEXTOS CLÁSICOS

Ya en su obra *Le Jupiter Olympien* Quatremère de Quincy[1] declaraba que el testimonio de los autores antiguos había sido el fundamento de

---

1. QUATREMÈRE DE QUINCY, Antoine-Chrysostôme. *Le Jupiter Olympien ou l'Art de la sculpture antique considéré sous un nouveau point de vue; ouvrage qui comprend un essai sur le gout de la sculpture polychrome, l'analyse explicative de la toreutique, et l'histoire de la statuaire en or et ivoire chez les grecs et les romains, avec la restitution des principaux monuments de cet art et la démonstration pratique ou le renouvellement de ses procédés mécaniques.* Paris: De Bure Frères, 1815, p. XIX.

sus conclusiones sobre el color en la escultura griega y romana (Fig. 1). Sin embargo, en lo que tocaba a la investigación sobre el sistema del color en la arquitectura, que los textos se hubieran revelado como una fuente documental interpretable hizo que la investigación se orientara hacia los restos arqueológicos[2].

1. Resconstrucción polícroma del Júpiter Olímpico, en: Antoine-Chrysostôme Quatremère de Quincy, Le Jupiter Olympien, Paris, 1815.

2. PRATER, Andreas. «Streit um Farbe. Die Wiederentdeckung der Polychrome in der griechischen Architektur und Plastik im 18. und 19. Jahrhundert». En: *Bunte Götter: die Farbigkeit antiker Skulptur*. Ed. Vinzenz BRINKMANN y Raimund WÜNSCHE. München: Staatliche Antikensammlungen und Glyptothek, ²2004, pp. 257-267.

2. *Contraportada con la dedicatoria de Hittorff a la reina Isabel II, en:*
Jacques Ignace Hittorff, Restitution du Temple d'Empédocle a Sélinonte,
ou l'architecture polychrôme chez les grecs. Avec un Atlas, Paris, 1851.
Madrid, © *Patrimonio Nacional, Real Biblioteca.*

    Será Désiré Raoul-Rochette el que, en su crítica a los planteamientos de Hittorff, reinagure el manejo de los textos clásicos, produciéndose así el desplazamiento hacia la Filología de una discusión llevada hasta ese momento por arquitectos y arqueólogos. De hecho, la respuesta a Raoul-Rochette corrió a cargo de especialistas en la interpretación de los textos greco-latinos, como Jean Antoine Letronne. Resultaba así que, al utilizar las mismas armas que Raoul-Rochette, Letronne, aun cuando defendía mediante los textos las tesis de Hittorff (Fig. 2), contribuía a la pretensión de dar un giro al debate. Y, no en vano, Hittorff, al que

Raoul-Rochette había recordado en su "Mémoire sur la peinture encaustique" de 1825[3] que los textos eran una fuente documental que sólo podían manejar adecuadamente especialistas, terminará desmarcándose "sabiamente" de la polémica[4].

No fue éste, sin embargo, el rumbo que terminaron tomando las cosas. En este sentido, y por lo que respecta a Alemania, los escritos de Gottfried Hermann y de Gottfried Semper que estudiaremos son, a nuestro modo de ver, muy representativos por la entidad de cada uno de ellos en sus diferentes campos. En estos escritos se demuestra la importancia que debe seguir y va a seguir asumiendo el arquitecto (incluso como intérprete de los textos), que vuelve así a incorporarse de manera "natural" al debate.

Cuando Semper escribe sus *Vorläufige Bemerkungen über bemalte Architektur und Plastik bei den Alten* (*Observaciones preliminares sobre la arquitectura y escultura polícromas de los Antiguos*) en 1834[5] se había formalizado la introducción del testimonio de los textos en la discusión hasta el punto de que un filólogo de la talla de Gottfried Hermann (Fig. 3) se deja atrapar por ella. Además, con su respuesta a Raoul-Rochette, Hermann interviene en un debate, en principio francés, que se extiende así a otros países europeos.

De veterum Graecorum pictura parietum coniecturae (*Conjeturas acerca de la pintura parietal de los antiguos Griegos*)[6], escrito a propósito de un acto académico y publicado en Leipzig en febrero de 1834, es un símbolo de la intervención de la Filología propiamente dicha en esta polémica y pretende poner de manifiesto la necesidad de esta intervención en cuanto que es esta disciplina la que garantiza una adecuada interpretación de los textos. En este orden de cosas, ningún filólogo podía representarla mejor que Hermann. Y ello no sólo por su importancia en el panorama filológico de aquel momento sino, probablemente, también por el modelo específico de Filología que él y su escuela defendían frente a otro insigne

3. MIDDLETON, Robin. «Hittorff's polychrome campaign». En: *The Beau-Arts and nine-century French architecture*. Ed. Robin MIDDLETON. London: Thames and Hudson, 1982, pp. 175-195, p. 185.

4. *Ibidem*, p. 188.

5. SEMPER, Gottfried. *Vorläufige Bemerkungen über bemalte Architektur und Plastik bei den Alten*. Altona: Johann Friedrich Hammerich, 1834. Para el estudio de este texto de Semper me he servido de la traducción al español de M. Ocón Fernández, aun sin publicar. La referencia a las páginas de este escrito alude, por tanto, a la versión original en alemán.

6. HERMANN, Gottfried. *De veterum Graecorum pictura parietum coniecturae*. Lipsiae: Typis Staritzii Typogr. Acad., D. XIII. Febr. A. 1834.

filólogo, August Boeckh[7] (Fig. 4). Dada la representatividad de Hermann como defensor del valor primordial de los textos, su participación en este debate debió constituir un refrendo en la práctica de su idea de que en cualquier cuestión relativa al mundo antiguo había que contar con ellos y con los especialmente capacitados para interpretarlos: los filólogos en el sentido estricto del término.

3. *Gottfried Hermann. Grabado de Sichling a partir de un dibujo de Weinholdt (1844), en: Bernd Schneider (Ed.), August Boeckh. Altertumsforscher, Universitätslehrer und Wissenschaftsorganisator im Berlin des 19. Jahrhunderts, Berlin, 1985, Fig. 15.*

Suficientemente reveladora nos parece la declaración de principios que abre el trabajo del prestigioso maestro de Leipzig. En ella se dice:

> *"la arqueología (…) debe beber de tres fuentes, la contemplación de los restos que han sobrevivido; el testimonio de los textos; la indagación de lo que la naturaleza de cualquier cosa conlleva o requiere (…) Lo que he puesto en segundo lugar, dado el trabajo y el esfuerzo que*

7. Precisamente en ese momento se está produciendo en ámbitos filológicos una polémica sobre las fuentes de conocimiento del mundo antiguo y sobre el objeto de lo que en Alemania se fijó con el término *Altertumswissenschaft*, literalmente "Ciencia de la Antigüedad". El debate en buena medida consistió en una discusión sobre el papel de los textos clásicos en tal conocimiento y en él Hermann se perfiló como líder de la escuela para la que los textos constituían una vía de indagación preferente.

supone, o se ha pasado por alto o incluso se ha despreciado por parte de algunos. Y, sin embargo, es prácticamente lo más importante, pues con los textos el conocimiento de las cosas es completamente seguro, siempre y cuando se les aplique la interpretación justa y, cuando sea necesario, la conjetura recta" [8].

4. August Boeckh, Retrato, litografía de W. Werner a partir de un dibujo de Franz Krüger, en: Bernd Schneider (Ed.), August Boeckh. Altertumsforscher, Universitätslehrer und Wissenschaftsorganisator im Berlin des 19. Jahrhunderts, Berlin, 1985, Fig. 1.

Sobre la significación para nuestro estudio de la tercera fuente señalada por Hermann insistiremos más adelante.

Tras una revisión de los textos manejados por Raoul-Rochette buscando la *"iusta interpretatio"*, Hermann llega a la conclusión de que un examen riguroso de los términos en su contexto no permite una interpretación unívoca de los testimonios escritos en el sentido que quería el arqueólogo francés[9]. Sin embargo, los textos por él aducidos tampoco resultan

8. HERMANN, Gottfried. *De veterum Graecorum pictura ...*, p. 3. Trad. española M. del Castillo Herrera.

9. Lo que muy bien resume Semper en el "Apéndice" de *Vorläufige Bemerkungen*: "Estas *Observaciones* estaban a punto de aparecer cuando el autor tuvo noticia de la obra,

definitivos, lo que termina llevándolo a la pura especulación. El debate queda, pues, abierto en la esperanza de que "quizá encuentren otros lo que proporcione en uno y otro sentido indicios más certeros que los que ahora sobre la marcha me vienen a la cabeza"[10].

A pesar de que en el caso de la pintura mural, el debate sobre los textos sostenido entre Raoul-Rochette y Hermann no ofreció una información concluyente, Rochette-Hermann consolidan un *modus operandi* que se va a reproducir posteriormente y en otros casos. Nos referimos a la discusión que sobre el sistema del color en la arquitectura y escultura antigua se entabla a partir del escrito de Semper *Vorläufige Bemerkungen*, al que ya hemos aludido[11], y a la contribución de Kugler *Über die polychromie der griechischen Architektur und Skulptur und ihre Grenzen* (*Sobre la policromía de la arquitectura y la escultura griega y sus límites*), publicada al año siguiente[12].

Aunque la remisión a textos clásicos es todavía escasa y vaga en esta primera obra[13], Semper se ve en la obligación de contar con su testimonio, lo que se ha perfilado ya como un recurso habitual en las discusiones del momento, ¡aun cuando no se dé el tal testimonio!

Dice Semper (p. 25) que, incluso si la información que transmiten los textos no presenta una evidencia incontrovertible, la propia ausencia de información puede ser la prueba de la naturalidad del empleo del color por parte de los griegos, lo que haría innecesario que consignaran noticia alguna al respecto en sus obras. Por otro lado, de sus afirmaciones unas líneas más abajo (pp. 25-26) se desprende una especie de fe en su testimonio, que de hecho dice encontrar en algunos autores y espera

---

recientemente publicada, *De veterum Graecorum pictura parietum,* del erudito Gottfried Hermann de Leipzig. Este tratado se puede considerar como una réplica a la opinión, aceptada y celosamente defendida por Raoul Rochette, respecto a que la pintura mural, es decir, la representación real de pinturas en las paredes, no hubiese sido utilizada por los griegos en su período de mayor esplendor, no habiendo considerado Hermann como decisivos aquellos pasajes de los Antiguos, citados e ingeniosamente expuestos por aquél", SEMPER, Gottfried. *Vorläufige Bemerkungen...,* p. 43. Trad. española M. Ocón Fernández.

10. HERMANN, Gottfried, *De veterum Graecorum pictura...,* p. 20.

11. *Vid.* nota 5.

12. KUGLER, Franz. *Ueber die Polychromie der griechischen Architektur und Skulptur und ihre Grenzen.* Berlin: Verlag von George Gropius, 1835.

13. A propósito de la ornamentación en estadios primitivos se limita a mencionar a Homero y Hesíodo así como a Pausanias (*Vorläufige Bemerkungen,* p. 7) pero sin aportar la cita de los pasajes a que se refiere y, en lo que respecta al asunto concreto de la policromía, alude de manera absolutamente vaga a "los autores de la Antigüedad" (*Ibidem,* p. 25), a "otros autores que todavía no hemos considerado" (*Ibid.,* p. 25-26) y con mayor precisión, aunque de nuevo sin citar el pasaje o consignar la cita, a Pausanias, Vitruvio y Plinio (*Ibid.,* p. 26), que vuelve a ser citado en el "Apéndice".

encontrar en otros. Sea como sea, su implicación personal con los textos –insistimos– es en esta primera parte de la obra escasa.

Es, en cambio, notable la mayor importancia concedida a los textos en la dilucidación del problema de la policromía en el añadido final que constituye el "Apéndice" (pp. 43-49). Semper declara su utilidad teórica e incluso le reconoce a Raoul-Rochette el mérito de haber introducido esta fuente documental[14]. Pero, dado que, utilizados por el francés parecen dar soporte a sus propias ideas, que Hermann, en su trabajo *De veterum Graecorum pictura parietum*, no los considera decisivos y que, en definitiva, parecen de difícil interpretación, da primacía a la investigación arqueológica. Ésta es, por otra parte, la investigación que Semper ha realizado y la que en un camino de vuelta ayudará a aclarar el testimonio de los textos[15]. No obstante lo cual, entra en la discusión sobre la pintura mural sostenida por Hermann y Raoul-Rochette. La novedad consiste en que lo hace interpretando los textos en el marco superior de una lógica en buena medida derivada de su idea del vínculo entre arquitectura, escultura y pintura.

Por su parte, Franz Kugler introduce la parte dedicada a la Arquitectura y, por ende, su obra con un capítulo dedicado al testimonio de los autores antiguos ("Zeugnisse alter Schriftsteller").

Aunque arropado por otros de Pausanias, Estrabón, Plinio e incluso Séneca, el pasaje clave para Kugler parece ser Heródoto III 57. Sin embargo, según Semper, esta vez en su obra de 1851 *Die vier Elemente der Baukunst. Ein Beitrag zur vergleichenden Baukunde* (*Los cuatro elementos de la Arquitectura. Una contribución al estudio comparado de la Arquitectura*)[16], Kugler utiliza estos testimonios contradiciéndose a sí mismo y a propia conveniencia.

14. "Aunque no nos sea posible comprender cómo Raoul-Rochette pudo sostener su opinión – contraria a toda probabilidad y a la más plausible de las suposiciones –, a partir de sus citas, sin embargo, se le debe agradecer el haber orientado el espíritu investigador de los eruditos hacia un objeto que en nuestros días disfruta de un gran interés. Ya que es absolutamente cierto que los testimonios escritos, provenientes de la Antigüedad, son de gran importancia para dilucidar la pregunta en cuestión", *Vorläufige Bemerkungen...*, pp. 43-44. Trad. española M. Ocón Fernández.

15. "Sin embargo, las diferentes y a menudo contradictorias interpretaciones que de ellos nos está permitido hacer, de modo que éstos parecen dar la razón por igual a opiniones contrapuestas, nos obliga a opinar que en la arqueología la investigación de los monumentos, unida a la consideración de los rasgos específicos de la época, del lugar y las circunstancias, debe anteponerse al estudio de las fuentes, para que la interpretación que de ellas se pueda hacer resulte menos controvertida", *Vorläufige Bemerkungen...*, pp. 43-44. Trad. española M. Ocón Fernández.

16. SEMPER, Gottfried. *Die vier Elemente der Baukunst. Ein Beitrag zur vergleichenden Baukunde*. Braunschweig: Friedrich Vieweg und Sohn, 1851. Para el estudio de este texto

Lo interesante para el asunto que nos ocupa es que Semper asume el papel de intérprete de los textos, posición que, como vimos, ya había ensayado en su trabajo de 1834. En efecto, a pesar de que, dada la ambigüedad de las noticias de los textos y su utilización a conveniencia, Semper parece no terminar de aceptar como definitivo su testimonio[17], en las páginas en que discute la oportunidad de los pasajes aducidos por Kugler (pp. 16 y ss.), se implica de lleno en su análisis, esforzándose por sacarles partido en su favor. En primer lugar, conoce el contenido de los textos manejados por Kugler, que sólo eran citados por éste pero no reproducidos. Pero, además, en distintos momentos de la revisión de esos textos, entra en la discusión específica del sentido de los términos como fundamento de la interpretación correcta. Por último, está al tanto de cuestiones de *realia* (p. 24) e incluso se aventura a hacer un análisis literario de Heródoto III 57, del que extrae arriesgadas consecuencias en su propio beneficio (p. 25 y ss.).

Pero no sólo esto, creemos además que la interpretación de los textos que hace Semper trasciende lo estrictamente filológico y adquiere una dimensión más amplia y más profunda, en cierto modo favorecida por su doble calidad de arquitecto y arqueólogo o, mejor aún, por su condición de conocedor de la propia naturaleza de la cosa. Precisamente esto era, como vimos, lo que Hermann reivindicaba con sus palabras "lo que la naturaleza de cualquier cosa conlleva o requiere". Se encarnan, pues, en Semper los tres aspectos que el ilustre filólogo reclamaba para la adecuada conformación de la ciencia arqueológica.

A nuestro modo de ver, el texto de Jareño de Alarcón *De la Arquitectura policrómata*, escrito en 1867, aunque no publicado hasta 1872[18], supone una confirmación del curso que había tomado el debate. Que éste sea el tema elegido por el arquitecto español para su discurso de ingreso en la Real Academia de las Tres Nobles Artes de San Fernando no sólo es índice del carácter científico de este asunto, sino que vuelve a

---

de Semper me he servido de la traducción al español de M. Ocón Fernández, aun sin publicar. La referencia a las páginas de este escrito alude, por tanto, a la versión original en alemán.

17. "Para dilucidar este controvertido asunto, Kugler otorga una gran importancia a la autoridad de las citas en los escritos de autores clásicos, por lo que sorprende que la lista de las mismas sea tan sumamente pobre. Según mi opinión, se podría añadir a ésta algún que otro pasaje. Sin embargo, mucho mejor: con éstas pasa lo mismo que con los versos de la Biblia, cada cual puede interpretarlos según su propia convicción", *Ibidem*, p. 15. Trad. española M. Ocón Fernández.

18. JAREÑO DE ALARCÓN, Francisco. *De la Arquitectura Policrómata. Discursos de la Real Academia de las Tres Nobles Artes de San Fernando*, Tomo I. Madrid: Imprenta de Manuel Tello, 1872, pp. 475-495.

demostrar la oportunidad de la participación en él de los arquitectos del momento. En la elección de este tema por parte del autor, la polémica a nivel europeo sobre este asunto queda sancionada como una polémica de carácter científico, de alto nivel artístico y arqueológico (p. 477), en la que pueden y deben intervenir los arquitectos, tal como habían demostrado con anterioridad otros arquitectos europeos del renombre de Hittorff o Semper. Al seleccionar este tema, Jareño se acredita entonces como digno continuador de sus predecesores franceses y alemanes, en todos los sentidos que éstos lo fueron: como arquitectos y como investigadores.

Pero, aunque Jareño de Alarcón conoce la polémica y en la primera parte de su discurso parece demostrar que ha hecho el seguimiento de la misma, es sólo en esta primera parte donde introduce el problema de los textos para no volver a mencionarlos prácticamente más. Además, su discurso en este aspecto es ya meramente informativo, superficial y, sobre todo, confuso, con todo lo que esto significa.

En efecto, Jareño de Alarcón parece verse obligado a hacer mención de los textos e incluso, a pesar de la ambigüedad de su testimonio, a considerar su valor en última instancia. Lo cierto, sin embargo, es que el texto del arquitecto español es ya sólo el eco de lo que en su momento fue una polémica viva, a estas alturas claramente estereotipada y esclerotizada, de la que el autor se ha desentendido. Jareño da noticia del uso de los textos e incluso acepta su importancia, pero realmente él ya sólo está interesado en intervenir como técnico[19].

En conclusión, este recorrido por la historia de la utilización de los textos clásicos en el debate sobre la policromía en la arquitectura greco-romana, a través de algunas de sus fases y de algunos de sus protagonistas, deja traslucir, en primer lugar, una clara conciencia de la importancia de los textos como documento de primer orden en el conocimiento de la Antigüedad y la necesidad ineludible, por tanto, de conocer su testimonio. Además de esto, y en segundo lugar, la idea de que los textos siempre ofrecen información. En tercer lugar, el convencimiento de que esta información no es ambigua si es el resultado de la interpretación adecuada. Por último, y en cuarto lugar, la valoración de la Filología como disciplina capacitada para ello pero también la de testimonios extratextuales, interpretados por otras disciplinas.

---

19. "He desenvuelto (...) la tesis anunciada, poniendo ante vuestra ilustrada consideración, así la historia de las controversias arqueológicas, á que ha dado lugar el descubrimiento de la *decoración policrómata*, como las observaciones técnicas deducidas por mí del exámen de los monumentos helénicos. Expuesto el fruto de mis personales investigaciones, he osado también indicaros lo que pienso sobre el uso de la pintura, con aplicación á las construcciones modernas" (final del discurso, p. 494).

Sin embargo, la fe en que se podía llegar a la auténtica comprensión de los textos a través de la interpretación adecuada y la no aceptación, en definitiva, de su ambigüedad llevó a utilizarlos para apoyar ideas conformadas a priori, sobre todo por prejuicios de carácter estético. El resultado, en consecuencia, fue que los textos quedaron invalidados como fuente de documentación. La plasmación de la realidad que con su apoyo se pretendía reconstruir terminó confiándose de nuevo a los datos ofrecidos por la arqueología y a la imaginación del arquitecto:

> *"A l'aide des descriptions, des parallèles, des analogies, nous recréons les images approximatives des monuments dont les écrivains ne nous on transmis que le souvenir"*[20].

2. LAS RECONSTRUCCIONES: ¿IMAGINAR LA ANTIGÜEDAD?

En este último apartado nos ocuparemos igualmente de la reincorporación del arquitecto a esta polémica centrándonos en la difusión del debate sobre el color. Ésta se expondrá a partir de dos niveles: las contribuciones realizadas en revistas como el *Journal des Savants* y las reconstrucciones (*restitutions*) ejecutadas por los arquitectos. Texto e imagen nos remiten al conocimiento adquirido sobre la Antigüedad y a su transmisión a través de estos dos medios. En el análisis de las imágenes, en especial, se tratará la relación existente entre este conocimiento y la imaginación. Éstos nos conducen a su vez a la relación existente entre los datos aportados por las diferentes fuentes documentales, restos arqueológicos y textos clásicos, y un aspecto visionario, ligado al color y a la imaginación artística del arquitecto. La capacidad de la imaginación de elaborar y combinar el conocimiento adquirido sobre la Antigüedad y el color, como elemento transformador de su visión y valoración históricas, alcanzan su expresión, a un nivel estético, en las reconstrucciones ejecutadas por los arquitectos.

Nos referimos en concreto a los trabajos de Jakob Ignaz Hittorff, Gottfried Semper, Heinrich Strack y Gerónimo de la Gándara. Las imágenes de los monumentos de la Antigüedad, expuestas en ellos, corresponden en un caso al Templo B o de Empédocles, ubicado en la Acrópolis de Selinunte (Sicilia). El resto alude al monumento por antonomasia de la arquitectura clásica griega: el Partenón de la Acrópolis de Atenas. Se trata de cuatro reconstrucciones con las cuales se cubre un período entre

---

20.   QUATREMÈRE DE QUINCY, Antoine-Chrysostôme. *Le Jupiter Olympien...*p. IV.

1827 y 1850. En las tres primeras se abordarán aspectos mencionados anteriormente. Será en la reconstrucción (*restauración*) del arquitecto español de 1850 donde vuelva a cuestionarse el papel de la imaginación frente a una sistematización no sólo del conocimiento y el uso del color sino también en la forma del cómo saber "imaginar" esa Antigüedad.

El artículo de Raoul-Rochette, publicado en 1830 en la revista *Journal des Savants*, servirá para introducirnos en esta problemática. Objeto del mismo es la denominada *antiquité figurée* (Antigüedad imaginada) y sus dos diferentes formas de expresión, agrupadas éstas bajo una misma definición:

> *"Il y a deux manières de concevoir et de traiter l'antiquité figurée. L'une consiste à restituer, à l'aide du dessin, le monument perdu ou anéanti, en s'aidant autant qu'il est possible de la description de ce monument, telle que les anciens nous l'ont transmise, d'une façon plus o moins exacte ou complète, en traits plus ou moins vagues ou caractéristiques ; l'autre se borne à l'interprétation des monumens existans et connus, en combinant toutes les données antiques que peut fournir, soit l'étude des textes, soit l'examen et la confrontation de ces monumens eux-mêmes"* [21].

Los dos términos, *restitution* e interpretación, son utilizados por Raoul-Rochette en su exposición respecto a las dos vías o métodos de "imaginar" la Antigüedad. Sin decantarse, en principio, por uno de ellos, Raoul-Rochette termina diciendo: *"Chacune de ces deux méthodes a ses avantages et ses inconvéniens"* [22].

Mientras que el primero se vale del dibujo y de las descripciones en los textos de autores clásicos de ese monumento, en el segundo caso se trata de una interpretación a partir del examen y la confrontación con el propio monumento así como del estudio de los textos. El primero es descrito como la forma apropiada para salvar de la destrucción incluso las obras de artes inexistentes. Este método, según el autor, posibilita dar a conocer un mundo totalmente nuevo, en la medida en que amplía los límites de la propia Antigüedad. Sin embargo, los resultados de esas "doctas e ingeniosas combinaciones" tienen siempre algo de ilusorio. A continuación el autor especifica el por qué:

---

21. RAOUL-ROCHETTE, Désiré. «Monumens et Ouvrages d'art antiques, restitués d'après les descriptions des écrivains, et accompagnés de dissertations archéologiques, par M. Quatremère de Quincy; 2. vol. pet. in-fol, 1826; chez J. Renouard». *Journal des Savans* (Paris) Janvier (1830), pp. 41-53, p. 41.
22. *Ibidem*.

"Quelque fidèle aux traits de la description antique que soit l'image crée par le génie moderne ; avec quelque habilité que la science et le goût, l'érudition et le dessin, se soient combinés pour la produire, un monument restitué de cette manière n'est jamais qu'un monument imaginaire ; ce n'est qu'un souvenir idéal fixé sous une forme positive"[23].

Son, sin embargo, los diversos aspectos que el autor enuncia y a su vez critica, es decir, la capacidad del "genio moderno" de combinar elementos como la ciencia y el gusto, la erudición y el dibujo, los que componen la *restitution* de un monumento. El autor termina por reconocer en ella una invención propia de su tiempo: *"et plus elle se trouve chargée de traits modernes"*[24].

Si se compara ésta con la descripción del segundo método, se verá como es este último el que él en definitiva aprueba. El mismo surge de la confrontación con el monumento existente y la denominada interpretación no se expresa a través del dibujo, sino del texto escrito. Según el autor, este método se sustenta en una base sólida además de ser algo real, tanto por las verdades que con el mismo se puedan establecer como por los errores que también a través de él se puedan cometer. En definitiva: *"il n'interprète que ce qui existe. Si son explication tombe, le monument reste"*[25].

Aunque su artículo se centre en la obra de Quatremère de Quincy, en 1830 eran ya conocidas las reconstrucciones de Hittorff, que el mismo en parte había publicado en su obra *"Architecture antique de la Sicile"*[26] (1827-1830). Siguiendo el argumento de Maria Cecilia Parra[27], Raoul-Rochette comienza con esta publicación de 1830 a tomar posición en el debate sobre el color al adoptar indirectamente una postura crítica frente a las reconstrucciones realizadas por Hittorff. En primera instancia se sirve, sin embargo, de la crítica a Quatremère.

Después de esta breve aproximación a la *antiquité figurée* de la mano de un arqueólogo, nos ocuparemos a continuación de la figura

23. *Ibid.*, p. 42.
24. *Ibid.*
25. *Ibid.*
26. HITTORFF, Jakob Ignaz, ZANTH, Ludwig. *Architecture antique de la Sicile ou recueil des plus intéressans monumens d'architecture des villes et des lieux les plus remarquables de la Sicile ancienne, mesurés et dessinés par J. Hittorff et L. Zanth.* Paris: Chez M. Hittorff, Architecte du Roi etc., 1827-1830.
27. PARRA, Maria Cecilia. «Letture del colore antico tra i *Savans* del primo Ottocento. Protagonisti, argomenti, motivazioni del dibattito sulla policromia dell'antico attraverso le pagine del Journal des Savans». En: *Ricerche di Storia dell'Arte* (Roma), 38 (1989), pp. 5-21, p. 15.

del arquitecto. Su doble perfil en el siglo XIX, es decir, como arquitecto y arqueólogo, conlleva el que esas dos formas de cómo "imaginar" la Antigüedad confluyan en él. Hittorff y Semper son dos claros exponentes a este respecto. Centrándonos en sus reconstrucciones, así como en la de Strack y De la Gándara, trataremos seguidamente la relación entre autenticidad e imaginación. En otras palabras: entre el conocimiento adquirido sobre la Antigüedad a través de la investigación arqueológica y el método para su elaboración por medio de la imaginación y su plasmación a través del dibujo y el color.

5. Jacques Ignace Hittorff, *Élévation principale du temple*. en: *Jacques Ignace Hittorff, Restitution du Temple d'Empédocle a Sélinonte, ou l'architecture polychrome chez les grecs. Avec un Atlas, Paris 1851, Pl. 2.*

En relación a la obra de Hittorff y Semper, Marie-François Billot[28], David van Zanten[29] y Leopold Ettlinger[30] han abordado, entre otros, esta problemática. En el caso de Hittorff y de sus reconstrucciones o dibujos del denominado Templo de Empédocles en la Acrópolis de Selinunte (Fig. 5), Van Zanten caracteriza el método utilizado por el arquitecto como "haphazard accretion"[31]. Billot utiliza para su descripción la expresión "patchwork"[32]. Lo que tanto el uno como el otro ponen de manifiesto a través de esos dos términos es la falta de una conciencia histórica, que Van Zanten refleja en el siguiente comentario:

> *"What is important about the reconstructions is that Hittorff did not find evidence for many of the painted details in his excavation itself but instead extrapolated them from parallels in other ancient buildings"*[33].

El autor incluso enuncia los lugares y obras que con diferentes usos le sirven de referencia. En defensa del método utilizado por el arquitecto, Van Zanten alude al estado de desarrollo de la arqueología en aquel momento[34]. En este mismo sentido se expresa Andreas Prater al destacar la base en que se fundamenta esta ciencia, incipiente en el siglo XIX: *"Diese einerseits visionäre, andererseits auf genaue Beobachtung der Tatsachen gegründete frühe Archäologie hatte Folgen, vor allem bei den Architekten"*[35]. Este aspecto visionario, al que alude Prater, se encuentra unido con la imaginación y el color, elementos igualmente presentes en la reconstrucción de este templo. La imaginación posibilita al arquitecto integrar por medio de paralelismos y analogías diferentes lugares y edificios en esa imagen del templo. El color a su vez enlaza diferentes espacios culturales, aspecto a desarrollar más detalladamente por Semper.

28. BILLOT, Marie-François. «Recherches aux XVIIIe et XIXe siècles sur la polychromie de l'architecture grecque». En: *Paris – Rome – Athènes. Le voyage en Grèce des architectes français aux XIXe et XXe siècles*. Paris: École Nationale Supérieure des Beaux-Arts, 1982, pp. 61-125.

29. VAN ZANTEN, David. «Architectural polychromy: life in architecture». En: *The Beaux-Arts and nineteenth-century French architecture*. Ed. Robin MIDDLETON, London: Thames and Hudson, 1982, pp. 196-215.

30. ETTLINGER, Leopold. *Gottfried Semper und die Antike. Beiträge zur Kunstanschauung des deutschen Klassizismus*. Halle: Carl Nieft, 1937.

31. VAN ZANTEN, David. «Architectural polychromy...», p. 206.

32. BILLOT, Marie-François. «Recherches aux XVIIIe et XIXe siècles ...», p. 88.

33. VAN ZANTEN, David. «Architectural polychromy...», p. 206.

34. *Ibidem*.

35. PRATER, Andreas. «Streit um Farbe...», p. 264.

En la reconstrucción de una esquina del entablamento del Partenón (Fig. 6), una de las planchas más conocidas de su obra *Anwendung der Farben* (*La aplicación de los colores*)[36], Semper se nos muestra, al igual que su compatriota Hittorff, como representante de una policromía total. Todas las partes del templo están dominadas por un color de fondo uniforme rojo-marrón. Los triglifos son azules; en el ropaje de las figuras de las metopas aparecen diversos colores, entre ellos el azul y el verde. En su publicación "On the Study of Polychromy" de 1851, el arquitecto se refiere a las fuentes utilizadas para la reconstrucción del color en esta esquina del Partenón:

> *"I have not been able to determine definitely what were the colours of the triglyphs or the metopes. In my restoration of the Partenon I have followed Vitruvius, and the Doric and Etruscan examples of Sicily and Italy, in colouring the triglyphs blue, and the metopes red; but I have reason to believe that the contrary was the fact"*[37].

Sorprendentemente, Semper no alude a sus propias investigaciones arqueológicas, sino que recurre a Vitruvio y a los templos dóricos y etruscos de Sicilia e Italia.

Sin embargo, la importancia del hallazgo arqueológico, fuente y fundamento de la arqueología como ciencia moderna, se manifiesta en algunas de las obras aparecidas a lo largo del siglo XIX. Entre éstas merece destacar el escrito programático "*Thatsachen*" (Hechos) (1832) de Eduard Gerhard. Formado en la escuela filológica de Friedrich August Wolf y August Boeckh, Gerhard insiste en el hecho arqueológico, aunque sin peder de vista la relación entre éste con la totalidad de todos los monumentos. Así se refleja en la siguiente cita: "*endlich ein Verhältnis des einzelnen Werkes zur Gesammtheit aller vorhandenen Denkmäler*" y precisa más adelante "*endlich ist die Überschauung des gesammten Antiken-Vorraths eine lohnendere Angelegenheit gewor-*

---

36. SEMPER, Gottfried. *Anwendung der Farben in der Architektur und Plastik. In einer Sammlung von Beispielen aus den Zeiten des Altertums und des Mittelalters erlauetert von G. Semper. Erstes Heft, Dorisch-Griechische Kunst.* Dresden: im Selbstverlag bei der Kunstanstalt von Fürstenau, 1836, Pl. V. (*La aplicación de los colores en la arquitectura y escultura. Expuesta a través de una colección de ejemplos de la Antigüedad y de la Edad Media por Gottfried Semper, Primer Cuaderno: Arte dórico-griego*).

37. SEMPER, Gottfried. «On the Study of Polychromy, and its Revival». *The Museum of Classical Antiquities: A Quarterly Journal of Architecture and the Sister Branches of Classical Art* (London), 1 (1851), pp. 228-245, p. 245.

den"[38]. La relación entre un monumento en concreto y su integración en un contexto más general, es decir, su conexión con el cúmulo, con la "reserva" (*Vorrat*) de todos aquellos conocidos en la Antigüedad, probablemente provenga de su formación en la escuela de Boeckh. Un pensamiento similar, sobre todo en lo que respecta a la inserción de la Antigüedad clásica en un contexto cultural e histórico más amplio, es el que guía a Semper, lo que para él se pone de manifiesto a través del color:

6. *Gottfried Semper, Entablement restauré du Parthenon d'Athéne, en: Gottfried Semper, Anwendung der Farben in der Architektur und Plastik. In einer Sammlung von Beispielen aus den Zeiten des Altertums und des Mittelalters erlauetert von G. Semper. Erstes Heft: Dorisch-Griechische Kunst, Dresden, 1836, Pl. 4.*

38.   GERHARD, Eduard. *Thatsachen des Archäologischen Instituts in Rom.* Berlin: Königliche Akademie der Wissenschaften, ²1834, pp. 21-22 (*Hechos del Instituto Arqueológico de Roma*). Véase además el siguiente texto: OECHSLIN, Werner. «Gottfried Semper und die Archäologie in ihren neuerlichen Anfänge um 1830». En: *Gottfried Semper 1803-1879. Architektur und Wissenschaft.* Ed. Winfried NERDINGER, Werner OECHSLIN. München, Berlin, London, New York, Zürich: Prestel Verlag, gta Verlag, 2003, pp. 92-100.

"Denken wir uns die Antike vielfarbig, so tritt sie in die Verwandtschaft der orientalischen Kunst und der des Mittelalters. Sonst erscheint sie uns ganz aus dem Zusammenhang gerissen und unerklärlich. Die monochrome Antike würde ein Phänomen sein, das aller geschichtlichen Herleitung entbehrte. Sie würde nicht anders erklärlich sein, als durch eine plötzliche Verwirklichung philosophischer Abstraktionen bei den Griechen, die erst spätern Ursprungs sind"[39].

7. Heinrich Strack, Reconstrucción de una esquina de la fachada oriental del Partenón de Atenas, litografía de Asmus a partir de un dibujo de Heinrich Strack, 1835. Berlín, Architekturmuseum der Technischen Universität Berlin in der Universitätsbibliothek, Inv.-Nr.: 5436.

39. "Si nos imaginamos la Antigüedad polícroma, se pone en evidencia su relación con el arte oriental y con el de la Edad Media. De otra forma, se nos muestra como desgarrada de todo nexo e incomprensible. La Antigüedad monocroma sería un fenómeno que carecería de antecedentes históricos, no siendo comprensible de otra forma, sino a través de la repentina ejecución de abstracciones filosóficas en el arte griego, de un origen más tardío" (SEMPER, Gottfried. *Vorläufige Bemerkungen...*, p. 40). Trad. española M. Ocón Fernández.

Es la continuidad histórica a través de la policromía entre el arte oriental, antiguo y medieval lo que, según Ettlinger, caracteriza el pensamiento de Semper[40]. La visión y valoración históricas del arte del pasado aparece así transformada a través del color.

Una posición muy diferente a las dos anteriormente expuestas sostiene el historiador del arte Kugler, expresada en la reconstrucción de Strack del Partenón de Atenas (Fig. 7). La litografía en color, realizada a partir de un dibujo del arquitecto, es la única ilustración que acompaña el ya mencionado texto *Ueber die Polychromie der griechischen Architektur und Sculptur*. Éste aparece un año después y en respuesta al escrito de Semper de 1834. La actitud crítica de Kugler frente a Semper se refleja igualmente en el detalle elegido en la litografía, la misma esquina del Partenón de Atenas, y en su tratamiento. Kugler se erige, con su texto y esta ilustración, en defensor de una supuesta postura moderada o imparcial[41]. En su escrito se recuperan los postulados de la estética neoclásica, sobre todo, en el significado que adquiere la forma frente al color. De ahí que en el trabajo de Strack las partes de soporte de un templo sean del color de la piedra, es decir, blancas. El empleo del color se reduce a los relieves de los frisos y a los elementos decorativos del entablamento[42].

"La Restauración de la fachada occidental del Partenón de Atenas" (1850) del arquitecto De la Gándara (Fig. 8), nos remite, por último, a un aspecto aún no tratado en esta problemática. Su reconstrucción del Partenón es de un colorido sucinto, reducido a los triglifos azules y al fondo rojo de las metopas y del frontón. Este trabajo se podría considerar más como fruto de la enseñanza sobre el color recibida de su maestro Antonio Zabaleta que como resultado de sus investigaciones arqueológicas en la Acrópolis de Atenas.

No sólo en sus clases impartidas en la Escuela de Arquitectura, sino también en los escritos publicados en órganos como el *Boletín de Arquitectura*, Zabaleta introduce en España el debate europeo sobre la policromía. En un artículo publicado en 1846 éste recopila el conocimiento existente sobre la Antigüedad y el empleo del color. Al referirse a los colores utilizados por los griegos, el arquitecto especifica que éstos no tenían como objetivo imitar la naturaleza: *"eran vivos y sin mezcla"*.

El arquitecto alude igualmente a la síntesis entre las diversas artes a través del color: *"sirviendo solo para que por medio de ellos [de los colores] resultase un agradable efecto realzando y enriqueciendo las*

---

40. ETTLINGER, Leopold. *Gottfried Semper und die Antike...*, pp. 58-59.
41. KUGLER, Franz. *Ueber die Polychromie der griechischen Architektur...*, p. 4.
42. *Ibid.*, p. 45.

formas de la arquitectura y escultura"[43]. Más adelante menciona la aplicación de éste en las diferentes partes del templo. En su exposición, Zabaleta predice, por tanto, en cierta forma el uso del color que más tarde llevará a cabo De la Gándara en su reconstrucción:

> *"En muchos templos se ven aún los triglifos pintados de color azul-obscuro y las metopas de un encarnado más o menos vivo. (…) Las molduras de la parte superior de la corona ya fuesen de mármol ó de tierra cocida, se veían tambien pintadas del mismo modo, así como los fondos de los bajo-relieves y frontones lo estaban de un solo color para dar más realce á las figuras"*[44].

8. *Gerónimo de la Gándara, Restauración de la fachada occidental del Partenón, dibujo en papel grueso oscuro sobre lienzo, lápiz negro, coloreado con acuarelas, 1850. Madrid, Real Academia de Bellas Artes de San Fernando, Archivo-Biblioteca.*

Así como Zabaleta y, posteriormente, De la Gándara se hacen eco de un conocimiento, ya elevado a sistema, sobre la Antigüedad y el uso del color en diferentes partes y elementos arquitectónicos del templo griego, no es menos importante la utilización de la "reserva" de imágenes cromáticas de esos monumentos difundidas a través de las numerosas

43. Z. [Antonio Zabaleta]. «Rápida ojeada sobre las diferentes épocas de la Arquitectura, y sobre sus aplicaciones al arte de nuestros días». *Boletín Español de Arquitectura* (Madrid), 1846, pp. 20-21.
    44. *Ibidem.*

9. *Alexis Paccard, Parthenon. Restauration façade principale, côte Est, envoi de Rome, acuarela y tinta china, 1845. París, École Nationale Supérieure des Beaux-Arts.*

10. *Reconstrucción de la fachada occidental del Templo del Partenón, en: James Stuart, Nicholas Revett, The Antiquities of Athens. Measured and delineated by James Stuart and Nicholas Revett. Painters and Architects, London, 1787, Vol. 2, Cap. 1, Pl. 3.*

publicaciones y exposiciones de los trabajos de los arquitectos europeos. Este es el caso de la reconstrucción de la fachada occidental de De la Gándara si se la compara con la principal u oriental del mismo monumento ejecutada por el arquitecto francés Alexis Paccard (Fig. 9) y perteneciente a su *envío* de Roma de 1845[45]. Aunque se trata de dos frentes diferentes de este templo, sí se pueden observar numerosas similitudes entre estos dos dibujos, sobre todo en la distribución de las sombras, que el arquitecto español retoma del dibujo del francés como si se tratara de la misma fachada de este monumento. Debido quizás al desconocimiento de la obra de James Stuart y Nicholas Revett *The Antiquities of Athens*, en la que sí se recoge la reconstrucción del frente occidental del Partenón[46] (Fig. 10), De la Gándara se sirve probablemente del trabajo de Paccard para realizar su reconstrucción de esta fachada del templo griego.[47]

Así pues, más que como un documento de interés arqueológico o filológico, el dibujo de De la Gándara, y en general las reconstrucciones aquí tratadas, se perfilan como el trabajo de un arquitecto y como una creación propia de su tiempo.

45. PACCARD, Alexis, Parthénon. Façade est restaurée, 1845-1846.

46. STUART, James y REVETT, Nicholas. *The Antiquities of Athens. Measured and delineated by James Stuart and Nicholas Revett. Painters and Architects.* London: Haberkorn, 1762-1830, Vol. 2, Pl. II.

47. En la Exposición General de Bellas Artes, realizada en las galerías del Ministerio de Fomento a partir del 20 de mayo de 1856 se expone la reconstrucción de la fachada oriental de este monumento (véase Real Academia de Bellas Artes de San Fernando, Archivo-Biblioteca, legajo F-3109, p. 37: "Trabajos de profesores y otros individuos (...) GANDARA (D. Jerónimo de la) (...) Nr. 297: Fachada del Partenón de Atenas"). Según José Manuel Prieto González, De la Gándara tuvo que estar al corriente de las actividades de los pensionados franceses en Roma. Como señala el autor, algunos de ellos, como Felix Duban y Henri Labrouste, habían sido pensionados de la Académie de France en Roma y habían enviado a París proyectos de restauraciones polícromas (PRIETO GONZÁLEZ, José Manuel. *Aprendiendo a ser arquitectos. Creación y desarrollo de la Escuela de Arquitectura de Madrid (1844-1914).* Madrid: Consejo Superior de Investigaciones Científicas, 2004, p. 102). Desgraciadamente el autor no menciona al pensionado Alexis Paccard ni tampoco su reconstrucción de la fachada oriental del Partenón, mucho más cercana a De la Gándara que aquellas de Duban o Labrouste. Véase a este respecto la siguiente publicación: María OCÓN FERNÁNDEZ. «Die Grand Tour – Ein *open issue*. Italienerfahrung als Bildungsaufgabe und Karrierefundament». En: *Die Grand Tour in Moderne und Nachmoderne.* Ed. Joseph IMORDE, Jan PIEPER. Tübingen: Max Niemeyer Verlag, 2008, pp. 101-130.

LA ARQUITECTURA ALEMANA EN LAS REVISTAS ESPAÑOLAS ESPECIALIZADAS DEL SIGLO XIX: *UN VIAJE IMPRESO*

ÁNGEL ISAC
Universidad de Granada

LA APARICIÓN DE LAS PUBLICACIONES PERIÓDICAS ESPECIA-LIZADAS EN ARQUITECTURA

Mediante la expresión el "viaje impreso" quiero examinar el papel de las revistas de Arquitectura en la difusión en España de las ideas y las obras de arquitectos alemanes, centrándome para ello en los artículos, noticias e informaciones que aparecieron en las publicaciones periódicas especializadas creadas en el siglo XIX. Se trata, pues, de un viaje *imaginario* pero no por ello menos eficaz. Los nuevos valores que supone la publicación periódica especializada en temas arquitectónicos, frente a los libros impresos, residen fundamentalmente en la rapidez con la que pueden comunicarse y difundirse todas las cuestiones relativas al trabajo y formación permanente de los arquitectos. Por otra parte, el "viaje impreso" aspira a complementar, y en algún caso a sustituir, a otras fórmulas del viaje real que desde varios siglos atrás venía considerándose como un elemento decisivo en el aprendizaje y evolución de la manera de proyectar de un arquitecto.

La aparición del periodismo arquitectónico –así lo han destacado en sus análisis Nikolaus Pevsner, Hélène Lipstadt, Frank Jenkins, Peter Collins o Marc Saboya[1]– acontece cuando se acentúan los procesos de

---

1. PEVSNER, Nikolaus. *Some Architectural Writers of Nineteenth Century*. Oxford: Glaredon Press, 1972, LIPSTADT, Hélène. "Nascità della rivista di architettura: architetti,

diferenciación técnico-profesional, exigidos por el modelo de crecimiento industrial que siguen las sociedades europeas más avanzadas. Las revistas europeas fueron empresas periodísticas muy estables durante largos períodos de publicación; no así las españolas. El desarrollo económico de nuestro país, un mercado de lectores y profesionales más reducido, la escasa fuerza social de los arquitectos, y una actividad constructora mucho más limitada, junto al sentimiento general de *postración* del arte arquitectónico, explica no solo la aparición del periodismo arquitectónico en fecha posterior, sino también que la existencia de las revistas sea muy breve, antes de 1874; es decir, más de treinta años de diferencia respecto a las sólidas empresas periodísticas francesas, inglesas o alemanas[2].

El contenido de las revistas se distribuía en secciones que variaban en la confección de cada número. Las más características se dedicaban a cuestiones doctrinales, información bibliográfica, anuncios oficiales, temas científicos y técnicos, asuntos urbanos y de higiene pública, convocatorias, etc. Cabe destacar, por lo que en especial afecta al tema de mi conferencia, la aparición de una "Sección Extranjera" que Mariano Belmás, destacado anglófilo, introdujo en la primera etapa de la *Revista de la Sociedad Central de Arquitectos* (1876-1877, y 1882-1898). Igualmente importantes serían las traducciones de los más conocidos escritores y arquitectos europeos que, sin constituir propiamente una sección, fueron uno de los aspectos más significativos del contenido de las revistas de arquitectura. Todos esos contenidos facilitaban el conocimiento inmediato de las principales cuestiones del pensamiento arquitectónico contemporáneo, o los avances técnico-científicos en las materias que podían interesar a los arquitectos.

He de admitir que la presencia de la arquitectura alemana en las revistas españolas fue mucho menor en comparación con la presencia inglesa y, sobre todo, francesa. Las razones pueden ser varias, pero, fundamentalmente, el menor conocimiento del idioma alemán resultó

---

ingenieri e lo spazio del testo, 1800-1810", en MORACHIELLO, P. y TEYSSOT. *Le macchine imperfette. Architettura, Programma, instituzioni, nel XIX secolo*. Roma: Officina Edizioni, 1980, pp. 364-380; JENKINS, Frank. «Nineteenth-Century Architectural Periodicals», en SUMMERSON, John (ed.). *Concerning Architecture. Essays on Architectural writers and writing*. London: Allen Lane Penguin Press, 1968, pp. 153-160; SABOYA, Marc. *Presse et Architecture au XIX siècle. Cèsar Daly et la Revue Générale de l'Arquitecture et des Travaux Publics*. Paris: Picard Éditeur, 1991.

2. Me ocupé del estudio de las revistas españolas en: ISAC, Ángel. *Eclecticismo y pensamiento arquitectónico en España. Discursos, revistas, congresos. 1846-1919*. Granada: Diputación Provincial de Granada, 1987; parte II: "Las publicaciones periódicas de Arquitectura", pp. 105-288.

decisivo, como lo fue también, por ejemplo, para explicar el menor número de libros alemanes en el fondo de la biblioteca de la Escuela de Arquitectura de Madrid, creada en 1844[3]. Es de lamentar, por ejemplo, que en la interesante sección "La Arquitectura en el Extranjero", del *Resumen de Arquitectura* (1891-1902), no apareciera ninguna información sobre Alemania, pero sí sobre la actualidad arquitectónica en Francia, Italia, Austria, Inglaterra o Estados Unidos; como tampoco en la "Revista Universal de Arquitectura", sección de la revista *Arquitectura y Construcción* (1897-1916), salvo un pequeña excepción que citaré al final. Sí puedo destacar, no obstante, que en las revistas españolas las noticias y artículos sobre arquitectura alemana fueron, en su mayor parte, de contenidos científicos y técnicos, o asuntos de interés general para la profesión[4].

---

3. Catálogos de la Biblioteca de la Escuela Superior de Arquitectura. Tomo II Catálogo del donativo de Cebrián. Madrid: Escuela Superior de Arquitectura, 1917.

4. Este tipo de colaboraciones fue muy abundante en los *Anales de la Construcción y de la Industria* (1876-1890) –una de las más importantes de la época, dirigida por un ingeniero de Caminos que también era arquitecto, Eduardo Saavedra–, destacando los numerosos artículos de Otto Peine, ingeniero civil, sobre ferrocarriles y tranvías eléctricos, muchos de ellos publicados también en la *Gaceta de los Caminos de Hierro*. Otros sobre infraestructuras y construcciones de Berlín se publicaron sin firma: "Correo neumático en Berlín", *Revista de la Sociedad Central de Arquitectos*, II (1876), p. 8; "El proyecto de Exposición Internacional de Berlín", *Revista de la Arquitectura Nacional y Extranjera*, IX (1882), p. 45; "Los trabajos de saneamiento y de utilización de las aguas de los alcantarillados en algunas grandes ciudades y especialmente en Berlín, Dantzig y Breslau", *Revista de la Arquitectura Nacional y Extranjera*, IX (1882), pp. 83-84; "Incendio del Teatro Nacional de Berlín", *Revista de la Arquitectura Nacional y Extranjera*, X (1883), p. 108; "Organización del servicio de incendios en Berlín", *Revista de la Arquitectura Nacional y Extranjera*, XI (1884), pp. 29-31; "Gastos de alumbrado en las calles de Berlín", *Revista de la Arquitectura Nacional y Extranjera*, XI (1884), pp. 157-158; Los efectos de las futuras ordenanzas municipales de Berlín en materia de construcción", *Revista de la Arquitectura Nacional y Extranjera*, XI (1884), pp. 247-248; Eduardo de Adaro, "El ascensor eléctrico de Siemens". Sobre aspectos corporativos y profesionales: "Sociedad de Arquitectos de Berlín", *Revista de la Arquitectura Nacional y Extranjera*, XI (1882), p. 216; "Honorarios de los arquitectos en Alemania", *Revista de la Arquitectura Nacional y Extranjera*, IX (1882), 248; "Las sociedades de arquitectos en Alemania y Prusia", *Revista de la Sociedad Central de Arquitectos*, IX (1882), p. 38; "Congreso de arquitectos e ingenieros alemanes", *Revista de la Arquitectura Nacional y Extranjera*, X (1883), pp. 225-227; Bases para la celebración de concursos entre arquitectos e ingenieros", *Revista de la Arquitectura Nacional y Extranjera*, X (1883), p. 248. Dedicado a algún tipo de construcción: "Concurso. Construcción de una iglesia evangélica en Crefeld (Prusia)", *El Eco de los Arquitectos*, I (1870), p. 15; Antonio Balbin de Unquera, "La Catedral de Colonia", *Revista de la Arquitectura Nacional y Extranjera*, VIII (1881), pp. 42-44: "El Castillo de Neu-Schwanenstein, residencia del Rey de Baviera", *Revista de la Arquitectura Nacional y Extranjera*, X (1883), pp. 164-165; "Laboratorio de Química de la Universidad

LA ARQUITECTURA ALEMANA EN LAS REVISTAS ESPAÑOLAS

Las referencias más interesantes a la arquitectura alemana han de ser analizadas en el contexto de la cultura arquitectónica española de la época y de los debates más importantes en torno al problema de la carencia de estilo propio y la legitimidad de cada uno de los estilos del pasado para servir a la "regeneración arquitectónica" del país. Antes de examinar su presencia en las revistas especializadas españolas, me gustaría recordar una elocuente recomendación a favor de la política cultural desarrollada en Baviera desde principios del siglo XIX. Se trata de la valiosa opinión de uno de los más influyentes personajes de la cultura artística española de las primeras décadas del siglo XIX, José de Madrazo, quien, además de pintor (autorretrato, 1835), fuera director del Museo del Prado y de la Academia de Bellas Artes de San Fernando de Madrid. Precisamente en un discurso académico propuso seguir la política cultural de Luis I de Baviera, que convirtió Munich en la *Atenas del Norte*. Madrazo, tras elogiar la construcción en la ciudad bávara – *"emporio de las Artes"*– de edificios públicos destinados a instituciones artísticas y científicas, escribió: *"Si el gobierno español siguiese este mismo ejemplo de la Baviera, en veinte años pudiera tener una Galería Histórica Española... Este sería el más seguro medio para que las Nobles Artes floreciesen en España y de tener grandes artistas como los ya pasados..."*[5]. Era, pues, una interesante llamada a mejorar el proceso de institucionalización de la cultura pública, en el que la arquitectura tendría que jugar un papel tan destacado como en la ciudad bávara. Pero además, el fondo de la cuestión era evitar el retraso español, también en cuestiones artísticas, frente al progreso de las principales naciones europeas. Como dijo uno de sus biógrafos, José de Madrazo *"...trajo a España aires europeos"*[6].

Centrándome ya en el contenido de las revistas de arquitectura, me gustaría leerles lo siguiente:

de Berlín", *Revista de la Arquitectura Nacional y Extranjera*, XI (1884), pp. 244-246; "El nuevo edificio del Reichstag alemán", *Resumen de Arquitectura*, V (1895), pp. 128-132. "Un castillo del rey de Baviera". *Revista de la Arquitectura Nacional y Extranjera*, XI (1884). p. 42.

5. MADRAZO, José de. *La Academia de las Tres Nobles Artes de San Fernando desde su fundación en el año 1752 hasta fines del presente de 1855. Brevísimo compendio del estado en que entonces se hallaron las artes y en el que en el día se hallan* (1855). Se trata, en realidad, del manuscrito publicado por Enrique Pardo Canalis en la Revista de Ideas Estéticas, vol. XXII (1964), pp. 163-194.

6. Véase, *Los Madrazo. Una familia de artistas*. Madrid: Ayuntamiento de Madrid, 1985, p. 48.

"Entre las naciones que más han estudiado y comprendido el arte clásico de los griegos, descuella hoy día la culta Alemania. En Berlín, Viena, Munich, Dresde y otras ciudades alemanas, se han construido muchos edificios y monumentos públicos, resplandeciendo en ellos la belleza de los detalles griegos, combinados con tal maestría, que forman las bellas y originales composiciones arquitectónicas que nos muestran las publicaciones artísticas de Schinkel, Mauch, Strack, Stüler, Gropius y otros ilustres arquitectos alemanes"[7].

Su autor es un colaborador de *El Eco de los Arquitectos*, Miguel Martínez Ginesta, quien en 1872 publicó un artículo titulado "Breves consideraciones sobre el arte moderno", en el que rechazaba el eclecticismo por considerar que lo admisible en el pensamiento filosófico no lo era en el dominio de la arquitectura, dadas las leyes por las que esta se regía.

José de Madrazo, Autorretrato (h.1835). Madrid. Museo del Prado.

Martínez Ginesta no dejaba de apreciar tanto la arquitectura greco-romana como el estilo ojival, pensando que cada sistema podía ser aplicado en la arquitectura contemporánea, bajo la condición de que, en

7. MARTÍNEZ GINESTA, Miguel. "Breves consideraciones sobre el arte moderno". *El Eco de los Arquitectos*, III (1872), pp. 395-398, 403-406, 421-423 y 438-440.

el proceso de adaptación a las necesidades modernas, no se perdiera la unidad, el criterio lógico y racional de cada estilo, sin desembocar en las confusiones del eclecticismo[8]. El autor añadía:

> *"Esta predilección por el buen gusto que manifiesta el Arte griego, y que observamos vá adquiriendo la Arquitectura alemana, es indudablemente con el objeto de constituir un estilo propio, y en armonía con las exigencias de la civilización moderna"*[9].

Prosiguiendo en estos términos:

> *"Algunos artistas alemanes han llegado a apasionarse tanto por la pura belleza griega, que aplican sus detalles aun en el mismo estilo ojival, sin que por este eclecticismo de formas falte unidad al conjunto y armonía en las proporciones"*

2. *La Arquitectura Española y El Eco de los Arquitectos.*

---

8. En referencia a la catedral de Colonia, Martínez Ginesta escribía. "No se concibe más belleza y sublimidad que la que despliega ese grandioso monumento del Arte cristiano. Schlegel, hablando de esta catedral, ha dicho 'El día que esté terminada, la arquitectura ojival tendrá una obra colosal que figurará dignamente en parangón con las obras más grandiosas de la antigua y moderna Roma'. La restauración de esta grandiosa catedral se está haciendo con la *inteligencia* y *buen gusto* que caracteriza a los modernos artistas alemanes, que tanto honran a su ilustrada patria"; *op. cit.*, p. 398.

9. *Ibidem*, p. 403.

Su opinión sobre la arquitectura alemana era una de las primeras y más detalladas exposiciones críticas de la arquitectura contemporánea centroeuropea. De aquellos arquitectos citados por Martínez Ginesta, me interesa destacar que el articulista de *El Eco de los Arquitectos* hacía especial mención de los proyectos realizados por Schinkel, de quien escribe:

> *"No somos competentes, ni nuestras fuerzas alcanzan a más que a admirar el genio del arquitecto alemán del presente siglo. Juzgando los magníficos diseños que ha publicado, se ve con placer la vigorosa inventiva y el bello, grandioso, aspecto que ha sabido dar a sus creaciones artísticas, la mayor parte inspiradas* (y no plagiadas) *del arte clásico greco-romano".*

Tras destacar el "gran talento" de Schinkel, afirmaba que

> *"...ha mostrado en el clásico Museo de Berlín y en las diversas manifestaciones que ha hecho del Arte, ... formar un estilo original y grandioso, que algunos han seguido en las obras artísticas modernas, llamadas ya de estilo neoclásico-alemán".*

La principal crítica que hacía Martínez Ginesta era la falta de esa práctica en España, lamentando las consecuencias del olvido que habían sufrido Ventura Rodríguez (1717-1785) y Juan de Villanueva (1739-1811), nuestros maestros del clasicismo. Seguir el modelo alemán –en este caso, la tradición shinkeliana– representaba para el autor una forma segura de recuperar las buenas maneras de hacer arquitectura.

3. *Revista de la Arquitectura Nacional y Extranjera y Resumen de Arquitectura.*

Clasicismo y empleo del hierro, tal como ofrecía el ejemplo alemán, eran dos firmes apoyos para el renacer del arte arquitectónico también en España. Martínez Ginesta escribía: *"Magníficos son ya, por cierto, los muy bellos detalles de construcción de hierro que ostenta el clásico y moderno Museo de Barlín"*[10]. No puede sorprender, pues, que aludiendo a la construcción de la Ópera de París, su opinión sea más crítica: *"Será –afirma– de lo más grande y notable de los tiempos modernos, no obstante la poca armonía, y aún poco decoro artístico que se observan en algunos de sus detalles constructivos"*. Su crítica de la arquitectura francesa se extendía también a la proliferación de

> *"...construcciones llamadas de estilo francés que desgraciadamente se han levantado en la capital de España... pero de ese malísimo estilo francés que tan en boga parece estar".*

VARIEDADES.

EL TRANVÍA ELÉCTRICO DE LICHTERFELD.—Acaba de hacerse un interesante esperimento de circulacion simultánea de dos wagones en el ferro-carril eléctrico de Lichterfeld, en Berlin. El segundo coche es completamente semejante al que hace algunos meses sirve para conducir viajeros desde la Estacion á la Escuela de cadetes, cuyo modelo figuraba en la última Exposicion internacional de electricidad, en París. El doctor Siemens, rodeado de sus ingenieros, asistió á esta prueba, que ha excedido en sus resultados á toda esperanza.

Ambos coches se pusieron en movimiento en cada sentido con tanta seguridad y rapidez como uno solo, y apénas se notaba diferencia alguna en la velocidad de la locomocion, cuando se lanzaba el segundo wagon. Sólo en la máquina fija de vapor, generatriz de la corriente eléctrica, podia reconocerse que necesitaba desarrollar doble fuerza cuando debia mover dos wagones con el auxilio de la corriente.

Estos esperimentos han confirmado el hecho de que en las vias eléctricas pueden marchar á la vez várias máquinas sin molestarse mútuamente, lo que aumenta notablemente su importancia para el tráfico.

4. *Tranvía electrico de Lichterfeld (Berlín); Revista de la Arquitectura Nacional y Extranjera, 28 de febrero de 1882, p. 48.*

10. *Ibidem*, p. 404.

Ese *estilo francés*, tan demandado por particulares e instituciones, daba forma en esos años a numerosos edificios en todas las capitales de provincias en las que un burgués sintiera la necesidad de poseer una residencia de buen gusto, o las administraciones públicas tuvieran la oportunidad de renovar sus palacios públicos.

Los arquitectos alemanes citados por Martínez Ginesta habrían resuelto ejemplarmente el mayor debate arquitectónico del siglo XIX: la crisis del estilo o, si prefieren, el dilema del eclecticismo. Con el artículo de Martínez Ginesta se ofrecía por primera vez una crítica de este tipo, contraponiendo el modelo alemán al francés, y decantándose a favor del primero. No cabe duda, además, de que el artículo era una de las colaboraciones críticas más interesantes de estos años.

LABORATORIO DE QUÍMICA DE LA UNIVERSIDAD DE BERLIN

En una de las calles más importantes de Berlin, *Unter den Linden*, é inmediato á la Escuela de Medicina Militar, existe este laboratorio, que linda con la Universidad de Federico Guillermo, y cuyo solar se compró en 1864 por la cantidad de 120.000 thalers.

El edificio es obra del arquitecto M. Cremer, consta de tres pisos, y su presupuesto ascendió á 318.100 thalers, suma que no parecerá crecida si se considera que las fundaciones tuvieron que hacerse sobre pilotes, á causa de la mala calidad del terreno.

La fachada, de ladrillo rojo, tiene 134 $\frac{1}{2}$ piés de longitud por 52 $\frac{1}{2}$ de altura, adornada con gusto y sencillez. Entre los arcos que forman las puertas y las ventanas existen catorce medallones que contienen esculpidos los retratos de los célebres químicos

    Antoine-Laurent Lavoisier.

    Karl-Wilhelm Scheele.

    Henri Cavendish.

    Joseph Priestley.

    Jhon Dalton.

    Claude-Louis Berthollet.

5. *Laboratorio de Química de la Universidad de Berlín; Revista de la Arquitectura Nacional y Extranjera, 30 de noviembre de 1884, p. 244.*

Si el artículo de Martínez Ginesta ofrecía la posibilidad de alcanzar un *"estilo propio"*, siguiendo el ejemplo de la arquitectura alemana y mediante las aplicaciones del hierro, otro colaborador de la revista,

Domingo Inza, abundaba en la crítica del eclecticismo lamentando la
falta de un *"estilo característico"*, sustituido por un modo de proceder
que se conformaba con *"...escoger de aquí y de allí lo que nos parece
que mejor conviene con el edificio que nos proponemos levantar"*, hasta
hacer del noble arte arquitectónico *"...una albañilería perfeccionada o
un arte industrial"*. Esta crítica situación se agravaba con una metodología del proyecto que implicaba, en la mayoría de los casos, la repro-
ducción mecánica de modelos arquitectónicos divulgados en todo tipo
de *"publicaciones por entregas"*, dando lugar a la misma escenografía

UN CASTILLO DEL REY DE BAVIERA.— Segun nos manifiesta el *Suddeutsche Post*, el rey Luis de Baviera hace erigir
actualmente un nuevo castillo, por cuya magnificencia
eclipsará á todos los demas que ya posee. Se construye en
la region de los Alpes bávaros, sobre la isla de Herreu-
wœsth, en el medio del Chiemsee, y será una reproduccion del de Versálles, con tres grandes cuerpos de construccion, una parte central y dos alas; en el patio central
se colocarán estatuas colosales de guerreros y hombres de
estádo célebres en Baviera, así como terrazas con balaus-
tradas.

Los jardines, dispuestos á la francesa, se dotarán de
agua, contendrán estatuas mitológicas, bancos de mármol
y vasos de bronce con suma profusion. Podrá verse una
reproduccion del *Tapis-Vert* de *l'Orangerie*, estanques con
juegos de aguas, fuentes como las que se admiran en Versálles, y sólo faltará, para completar el conjunto, los grande y pequeño *Trianon*, con sus jardines á la inglesa.

Esta inmensa construccion no podrá hallarse concluida
ántes de quince años, y costará próximamente 40 millones
de pesetas. Centenares de obreros trabajan diariamente;
los materiales se conducen hasta el lago por un camino de
hierro, y despues se trasportan á la isla por medio de va-
pores. El ·Rey ha decidido igualmente que se coloque un
gran faro de luz giratoria en uno de los extremos de la isla,
á fin de que se vea desde el lago y desde el bosque, que se
halla abundantemente poblado de gamos y demas caza de
todo género.

El castillo de *Chiemsee* será la más suntuosa de las resi-
dencias reales de Alemania. Desde sus terrados se abarcará
un magnífico panorama sobre la larga cadena de montañas
de la Baviera y del Tirol; al Este, y en el fondo, se verá
el *Gaisberg* de Salzburgo y la gran masa de *Brestensein*.

*6. Un castillo del rey de Baviera; Revista de la Arquitectura Nacional y
Extranjera, 30 de abril de 1883, p. 164.*

urbana en todas las ciudades en proceso de renovación arquitectónica[11].
Domingo Inza también aprecia a Schinkel y Klenze, a quienes destaca
entre los grandes "reformadores del Arte alemán". Siguiendo su ejemplo, es decir, asociando utilidad y sentimiento, lo práctico y lo bello, en
perfecta adaptación al programa arquitectónico, la arquitectura tendría
asegurado su porvenir. Domingo Inza condenaba la metodología de la
"copia servil" y reclamaba el auténtico genio inspirador de obras más
originales y menos deudoras del pasado. Cualidades que estos autores
(Martínez Ginesta y Domingo Inza...) tanto apreciaban en la obra de
los arquitectos alemanes.

> NECROLOGÍA.—El 15 del mes pasado ha fallecido en Ro-
> ma Gossfried Semper, el Decano de los Arquitectos alema-
> nes. Había nacido en Altona en 1803. Despues de cuatro
> años de estudios en Italia y Grecia, fué nombrado Profe-
> sor en la Escuela de Artes de Dresde, que le debe sus prin-
> cipales monumentos : el Teatro, la Sinagoga, un hospital
> de mujeres, una fuente monumental y un museo. Despues
> de los acontecimientos de 1848, Semper, que había toma-
> do parte en el movimiento revolucionario, tuvo que huir
> de Alemania, y se refugió en París, y más tarde en Lón-
> dres, donde obtuvo una plaza de Profesor de Arquitectura
> y llegó á ser uno de los fundadores del Museo de Kensig-
> ton. Elegido más tarde, en 1853, Profesor en el Colegio Po-
> litécnico de Zurich, además de éste, construyó la Univer-
> sidad, el Observatorio y el Hospital Municipal. Desde Zu-
> rich fué á Viena, donde erigió, como en Hannover, un mag-
> nífico museo. Y por fin, en el trascurso de su laboriosa
> carrera, ha publicado obras de arte de mucha estima, de
> las cuales la principal, en dos volúmenes, se intitula : El
> Estilo en las artes técnicas y tectónicas.

7. Necrológica de G. Semper; Revista de la Arquitectura Nacional y Extranjera
VI (1879), p. 142.

La estimación de la arquitectura germánica es un fenómeno destaca-
ble, que necesariamente –como es fácil comprender– transcurre paralelo
al rechazo de los modelos franceses; aunque serán estos, en términos
generales, los de mayor incidencia en la historia de la arquitectura de-

---

11. INZA, Domingo. "La Arquitectura y la Sociedad". El Eco de los Arquitectos, 1
(1870), pp. 30-31, 68-69, 81-84, 97-99, 103-105,117-119 y 125-126. El artículo se publicó
en El Museo Universal, revista fundada en 1875, que en 1869 se había convertido en La
Ilustración Española y Americana.

cimonónica en España. Buena medida de la diferente presencia de los arquitectos alemanes y franceses en las revistas españolas pueden ser las notas necrológicas publicadas al fallecer Eugène E. Viollet-le-Duc y Gottfried Semper, ambos en 1879. Si la dedicada al arquitecto francés, que era miembro de honor de la Sociedad Central de Arquitectos de España, ocupa tres páginas y detalla ampliamente su biografía y obra, la de Semper son una breves líneas en las que se ofrece una sucinta biografía y, eso sí, se destaca su principal publicación: *El estilo en las artes técnicas y tectónicas* (1860-1863); no poco, por otra parte, si se tiene en cuentan que ningún libro de Semper se encontraba en esa fecha en la Biblioteca de la Escuela de Arquitectura de Madrid[12].

8. *Miguel Martínez Ginesta; Madrid Moderno; revista quincenal (1880-1881).*

---

12. Las necrológicas aparecieron en la *Revista de la Arquitectura Nacional y Extranjera*, VI (1879), pp. 142 y 260-262.

Veamos otro ejemplo del interés por la arquitectura alemana, aunque tengamos que salirnos de las páginas de una revista de arquitectura para prestar atención a lo dicho en el seno de la Real Academia de Bellas Artes de San Fernando de Madrid. En la contestación a un importante discurso de ingreso en la Academia de Bellas Artes de San Fernando, en 1882, se llegó a decir lo siguiente:

"El espíritu de la duda, tanto en religión como en el arte, se ha apoderado del dominio público: se cree en todo y no se cree en nada... Ni siquiera se respetan los estilos que se adoptan; se les confunde y desfigura, y se les trastorna en sus disposiciones fundamentales. ¡Y a esta verdadera anarquía se da el pomposo nombre de invención!".

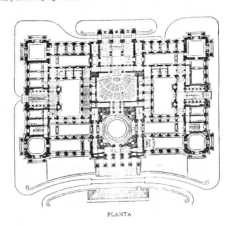

9. *El nuevo edificio del Reichtag alemán, Resumen de Arquitectura, V (1895), pp. 89-90.*

Quien pronunciaba estas palabras se resistía a ver en el eclecticismo no otra cosa que un "merodeo artístico" agravado por la circunstancia de ser modelos franceses los de mayor influencia en la proliferación de un *"arte de confitería"*; y es aquí donde realiza una interesante llamada –a modo de recomendación para los jóvenes arquitectos– en favor de la arquitectura construida en Munich, Berlín y Viena, por arquitectos como Leo von Klenze, Friedrich von Gärtner, Gottfried Semper, Hans Christian Hansen y Heinrich von Ferstel, entre otros[13]. Dirigiéndose a los más jóvenes arquitectos, afirmaba:

> *"...lleven al menos su vuelo a la Atenas del Norte, a la patria del Gran Federico, coronada por las glorias de Guillermo, y a la gran ciudad regenerada y embellecida por la sabia administración de Francisco José ... dirigid vuestros pasos a orillas del Isar, a la clásica ciudad transformada por la vara mágica del ilustrado Luis I, y que ha inmortalizado el genio de Klenze, de Schwanthaler, de Cornelius, de Kaulbach, de Schwind, ...¡Contemplad los monumentos creados por Klenze, por Gaertner, por Zieblendt! Pasad a orillas de la Sprea; allí tenéis una pléyade de profesores: Strack, Hitzig, Adler, Orth, Ende, Baeckman, Gropius, Schmieden, von der Hude, Hennicke, Kyllmann, Heyden, Kayser, von Grosssheim..."*[14].

Y para mayor contundencia, añadía:

> *"Dejad a un lado ese ostentoso palacio del Trocadero con sus pretensiones de grandiosidad; esa Nueva Ópera, engendro monstruoso de mármoles... En estas tres ciudades, Munich, Berlín y Viena, tenéis, ¡oh jóvenes arquitectos!, modernos focos de enseñanza, tipos que poder imitar".* Húyase, concluía, del *"amaneramiento francés"* dominante en los arquitectos españoles..., y foméntese la afición a los *"viajes artísticos y científicos"*.

Un "viaje artístico y técnico" a Berlín, por ejemplo, pero de forma impresa, como el que ofrecía la revista *Resumen de Arquitectura* a sus lectores en 1895, poco después de construirse. Del edificio se decía lo siguiente:

13. MONISTROL, Marqués de. Contestación al Discurso de recepción en la Academia de Bellas Artes de San Fernando de Madrid, de Juan de Dios de Rada y Delgado, *Caracteres de la Arquitectura contemporánea* (1882).

14. Ibidem, p. 45.

"No es tarea fácil describir en pocas palabras el nuevo palacio del Rei-
chstag alemán, cuyo aspecto exterior es grandioso, y sus proporciones
tan colosales que, sin incurrir en exageración, puede asegurarse que no
hay actualmente en el mundo ningún otro edificio análogo que pueda
comparársele"[15]*, añadiendo: "Su arquitecto, Wallot, ha mostrado en su*
ejecución el admirable estudio que ha hecho de la arquitectura alemana,
tanto antigua como moderna, cuyas tendencias ha sabido armonizar de
un modo sorprendente, mostrando sus vastos conocimientos en la historia,
la poesía y la mitología germanas".

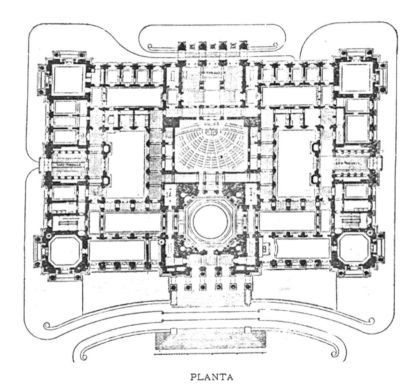

PLANTA

10. El nuevo edificio, planta.

15. "La Arquitectura en el extranjero. El nuevo edificio del Reichstag alemán". *Resumen de Arquitectura*, V (1895), pp. 89-90; artículo sin firma.

Es evidente que el texto, sin firma, expresa la admiración de los redactores de la revista española por la grandiosidad del edificio, pero especialmente me interesa subrayar el énfasis puesto en el carácter "germánico" del mismo. Al margen de la mayor o menor exactitud de tal afirmación, sí es una prueba de lo que cada vez más buscaban los redactores del *Resumen*: frente al reprobable exotismo internacional de influencia francesa, la búsqueda de una arquitectura nacional que se reconciliase con la historia, la lengua o los mitos de la nación española[16].

EL NUEVO EDIFICIO DEL REICHSTAG ALEMÁN

11. El nuevo edificio, alzado.

Así pues, junto a la fundamental cuestión de cuál podía ser el modelo a seguir por los arquitectos españoles –Francia o Alemania–, otro interesante aspecto a analizar puede ser lo que me atrevo a llamar *"los peligros del viaje impreso"*, es decir, el papel de las revistas de

16. ISAC, Ángel. "The Architectural Debate in Spain: the Dilemma of the Eclectic Tradition, 1880-1920", in Fabio Grementieri, Jorge Franciso Liernur, Claudia Shmidt, editors, *Architectural Culture around 1900. Critical Reappraisal and Heritage Preservation*. World Heritage, UNESCO, Universidad Torcuato Di Tella. Buenos Aires, 2003, pp. 206-213.

arquitectura en el debate a favor del nacionalismo arquitectónico: las revistas, para algunos, constituyeron una seria amenaza ante el deseo de nacionalizar el proyecto arquitectónico. Leonardo Rucabado y Anibal González se lamentaban de que en su época de estudiantes, hacia 1900, *"...se consultaban mucho las revistas extranjeras, para inspirar nuestros proyectos, y poco las nacionales"*[17]. Los dos autores citados fueron los más destacados representantes del nacional-regionalismo español en las primeras décadas del siglo XX.

Pero conviene recordar que en la segunda mitad del siglo anterior, el problema de la identidad *nacional,* como condición necesaria de la arquitectura moderna, interesó a muchos críticos y arquitectos europeos, adquiriendo un relieve especial en Alemania, como ha demostrado Mitchell Schwarzer[18]. Uno de los más importantes teóricos alemanes, Robert Neumann, se preguntaba en 1896 si la arquitectura moderna tenía que expresar las aspiraciones y sentimientos del pueblo alemán, convencido de que, en efecto, los arquitectos estaban obligados a proyectar edificios teniendo en cuenta lo que significara el alma nacional (*Volksseele*). Es el mismo imperativo moral que plantea en España Arturo Mélida y Alinari, pocos años más tarde, cuando diserta en 1899 en la Academia de San Fernando ocupándose de las *Causas de la decadencia de la Arquitectura y medios para su regeneración*. Sin detenerme ahora en cuáles eran las causas invocadas por Mélida, lo que más me interesa es la conclusión última a la que llegaba el nuevo académico –semejante a la de otros autores alemanes– para facilitar la regeneración del arte arquitectónico en España: el gótico, el plateresco y el mudéjar, constituirían, en palabras de Mélida, una *"tradición tan gloriosa como genuinamente española"*.

Desde el fin de siglo, cualquier reutilización del pasado no podrá eludir el imperativo de la Tradición *nacional, "genuinamente española"*, como había dicho Mélida. El repudio de la arquitectura ecléctica, identificada ya con todos los males de un estilo internacional que anularía los valores del arte *genuinamente español,* daba origen a visiones que de nuevo proponían la recuperación de lo autóctono frente a aquel internacionalismo ecléctico que la crítica cada vez más lo señalaba despectivamente con el término *exotismo*. Ya no se trata de contraponer el modelo alemán a la perniciosa influencia francesa, como algunos críticos habían llegado a exponer, sino de meter en un mismo saco todo lo extranjero como algo

17. RUCABADO, Leonardo, GONZÁLEZ, Aníbal. *Orientaciones para el resurgimiento de una Arquitec-tura Nacional;* ponencia presentada en el VI Congreso Nacional de Arquitectos (San Sebastián, 1914), p. 41.

18. SCHWARZER, Mitchell. *German Architectural Theory and the Search for Modern Identity.* Cambridge University Press, 1995.

que ponía en riesgo la autenticidad e identidad nacional de la arquitectura española. Lo *exótico* engloba ahora todo lo negativo y rechazable de las influencias extranjeras.

Se comprende, pues, el significado que puedan tener dos pequeñas viñetas publicadas en 1900 entre las páginas de una importante revista española, *Arquitectura y Construcción:* son imágenes de cervecerías de Munich, ejemplo de arquitectura tradicional y nacional o regional, que pueden contraponerse al pernicioso exotismo internacional. Frente a este, la crítica arquitectónica española será cada vez más dura, como ponen de manifiesto las siguientes palabras:

> *"Antes de defender el 'exotismo', con todas sus fatales consecuencias, implantando en España estos estilos, o mejor dicho, tendencias y chabacanerías italianas, francesas, alemanas o inglesas, es preferible la copia de lo viejo español, aun cuando con esta copia servil no se consiga el resurgir del Arte patrio en la forma que yo entiendo y dejo consignado; porque siempre será mejor un remedo de lo nuestro que el antinacionalismo arquitectónico"*[19].

Ante esta posición doctrinal, tan extrema como extendida en muchos sectores de la sociedad española de la época, me interesa destacar que hubo quien, como Leopoldo Torres Balbás –uno de los más prestigiosos historiadores españoles de Arquitectura, además de restaurador de la Alhambra– se atrevió a escribir que prefería una *"moderna casa alemana"* a cualquier ejemplo de arquitectura que falsificara la verdadera tradición nacional, regional o local[20]. Pero esto ocurrió ya entrado el siglo XX, cuando la presencia alemana en las revistas de arquitectura españolas aumentó considerablemente, tanto en revistas de vanguardia (*AC. Documentos de Actividad Contemporánea,* Barcelona, 1931-1937) como en el órgano oficial de la Sociedad Central de Arquitectos (Arquitectura, fundada en 1918), como tuve ocasión de mostrar en nuestro anterior coloquio.

19. CABELLO LAPIEDRA, Luis Mª. *La casa española. Consideraciones acerca de una Arquitectura Nacional.* Madrid: Sociedad Española de Amigos del Arte, 1917.

20. TORRES BALBÁS, Leopoldo. "Arquitectura Española Contemporánea. El concurso de proyectos de la Sociedad Central". *Arquitectura,* II (1919), págs. 103-105. El comentario de Torres Balbás aludía al sevillano palacio Dalp proyectado, precisamente, por Aníbal González; véase mi estudio: ISAC, Ángel, *La crítica de arte en España (1830-1936).* Ignacio Henares, Lola Caparrós (eds.). Granada: Universidad de Granada, 2008, pp. 39-68.

DIE PHANTASIE REIST ÜBER DIE ERSTAUNLICHSTEN PFADE – DIE STÄDTE ANDALUSIENS IM BLICK DER REISENDEN DES 19. JAHRHUNDERTS

HENRIK KARGE
Technische Universität Dresden

Am Abend des 12. April 1881, wenige Tage vor seinem 27. Geburtstag, traf der junge finnische Maler Albert Edelfelt (1854-1905) nach sechsundzwanzigstündiger Eisenbahnfahrt von Madrid aus in Granada ein und unternahm trotz seiner Erschöpfung noch einen Rundgang durch die Stadt, um die Stimmung des nächtlichen mondbeschienenen Granada in sich aufzunehmen. Seine Begeisterung steigerte sich noch, als er gleich am nächsten Morgen zur Alhambra (Abb. 1) hinaufstieg – am folgenden Abend schilderte er seine Eindrücke in einem Brief an seine Mutter:

> „An diesem Morgen in der Alhambra, Andalusien und Granada mir gegenüber, mit dem Duft der Rosen, den Oleandern und der Frühlingsluft, die mir durch alle Poren drang, wurde ich von einem solchen Enthusiasmus erfasst, dass ich mich noch jung fühle und fähig, viele Dinge zu leisten, denn sonst würde mein Puls nicht mit solcher Heftigkeit schlagen, spürte ich nicht diese Glut in meinem Herzen, noch würden meine Augen so klar sehen."[1]

Sechs Tage später hatte Edelfelt das „Paradies der Alhambra" bereits eingehend erkundet und ließ nun seine Gedanken in die Vergangenheit der Residenz schweifen:

---

1. María Carmen DÍAZ DE ALDA HEIKKILÄ (Hrsg.), *Albert Edelfelt: Cartas del Viaje por España (1881)*, Madrid: Ediciones Polifemo, 2006, S. 186 (Übersetzung des Verf.). Biografie des Künstlers: Vgl. Ebda., S. 139-156.

1. *Charles Clifford, Ansicht der Alhambra vom Albaicín aus, Fotografie, ca. 1859-1860, aus: Granada en la fotografía del siglo XIX, Ausst.-Kat., Palacio de los Condes de Gabia, Granada 1992, S. 69.*

„Du lässt dich hinwegtragen von einem trägen Gefühl des Glücks, die Gedanken verweilen, aber die Phantasie reist über die erstaunlichsten Pfade. Jetzt bin ich völlig vertraut mit den alten maurischen Palästen, und ich kann sagen, dass mich bis zu diesem Moment nichts in gleichem Maße gefesselt hat. Die Phantasie füllt diese Säle – die an die Erzählungen von Tausendundeiner Nacht erinnern – mit Sultaninnen, Abencerrajes, christlichen Gefangenen etc., und bevor ein Traum entschwindet, bahnt sich ein anderer seinen Weg in meine Vorstellung. Man kann stundenlang auf der Brüstung eines Fensters sitzen und Granada von dort betrachten."[2]

Edelfelts Briefe in die Heimat zeugen von einer Frische des unmittelbaren Erlebens, die sich in keinem der zahlreichen publizierten Reiseberichte des 19. Jahrhunderts finden lässt, und doch wurden seine Gedanken von der romantischen Literatur vorgeformt, die das maurische Andalusien im allgemeinen und die Alhambra im besonderen zu einem europäischen Sehnsuchtsort gemacht hatte. Der amerikanische Schriftsteller Washington Irving errang 1832 Weltruhm mit seiner Novellensammlung *Cuentos*

---

2. María Carmen DÍAZ DE ALDA HEIKKILÄ (wie Anm. 1), S. 193 f.

de la Alhambra, die den Leser in die Zeit der maurischen Hochkultur entführte, und Edelfelts Erwähnung der Adelsfamilie der Abencerrajes, um die sich düstere Legenden aus der Endzeit der Mauren von Granada ranken, verweist auf François-René de Chateaubriands Roman *Les aventures du dernier Abencerrage* (1826).[3]

So waren es auch primär die Monumente der islamischen Zeit Andalusiens (neben der Malerei des 17. Jahrhunderts in Sevilla, insbesondere Murillo), die die Reisenden aus aller Welt in diese Region am äußersten Rand Europas lockten. Dabei muss man sich vor Augen halten, dass Spanien bis zum späten 18. Jahrhundert alles andere als ein klassisches Reiseland gewesen ist: Die Bildungsreisen der englischen, französischen und deutschen Adligen, Intellektuellen und Künstler führten stets in das von der antiken Tradition geprägte Italien, in dem eine weit mildere Form des Katholizismus gepflegt wurde als im strenggläubigen Spanien, das auch durch das Fortwirken mittelalterlicher Traditionen und die Präsenz islamischer Spuren fremdartig, ja geradezu bedrohlich wirkte. Die schlechte Infrastruktur des Landes, was Straßen, Verkehrsmittel und Herbergen anging, tat ein Übriges, um die Iberische Halbinsel als ein bloßes Reiseziel für Abenteurer erscheinen zu lassen. Die letztgenannten Hindernisse existierten auch noch in den ersten Jahrzehnten des 19. Jahrhunderts, ja es kamen Gefahren durch langwierige kriegerische Auseinandersetzungen zwischen den politischen Parteien des Landes sowie durch das grassierende Bandenwesen hinzu. Unter dem Vorzeichen der Romantik entwickelte jedoch das düstere Bild des katholischen Spanien zusammen mit seinem Gegenbild, des in der Rückschau um so heller strahlenden islamischen al-Andalus, einen besonderen Reiz für das europäische Bildungspublikum, ja Spanien wurde – neben Deutschland – zum romantischen Land schlechthin erkoren.

---

3. Zur Geschichte der literarischen Entdeckung Andalusiens im 19. Jahrhundert: Werner BRÜGGEMANN, «Die Spanienberichte des 18. und 19. Jahrhunderts und ihre Bedeutung für die Formung und Wandlung des deutschen Spanienbildes», in: *Spanische Forschungen der Görres-Gesellschaft* 12, 1956, S. 1-156; Ute ENGEL, «'A Magic Ground' – Engländer entdecken die maurische Kultur im 18. und 19. Jahrhundert», in: Gisela NOEHLES-DOERK (Hrsg.), *Kunst in Spanien im Blick des Fremden. Reiseerfahrungen vom Mittelalter bis in die Gegenwart*, Frankfurt a.M.: Vervuert Verlag, 1996 (*Ars Iberica*, 2), S. 131-152; María Carmen DÍAZ DE ALDA HEIKKILÄ (wie Anm. 1), S. 30-91 (besonders materialreich). Einige Quellentexte in: Nina KOIDL (Hrsg.), *Granada. Ein literarisches Porträt*, Frankfurt a. M./Leipzig: Insel Verlag, 2001. Der Verfasser hat die Reiseberichte in eine Darstellung der Wandlungen des Andalusienbildes einbezogen: Henrik KARGE, *Andalusien* (Fotografien von Wolfgang FRITZ), München: Hirmer Verlag, 2007, S. 12-19 (franz. Übersetzung: *Andalousie*, Paris: Hermann Éditeurs, 2008, S. 12-19).

Die Reisenden des 19. Jahrhunderts konnten bereits auf die systematischen Landesbeschreibungen der *voyages pittoresques* zurückgreifen, unter denen das Werk des Franzosen Alexandre de Laborde (*Voyage pittoresque et historique de l'Espagne*, 1812) grundlegend war. Die Schwester Labordes, Natalie, verbrachte einige Zeit des Jahres 1807 als „Dolores" in Granada und begegnete dort dem Vicomte de Chateaubriand – die Granadiner Liebesaffäre wirkte offenbar nachhaltig inspirierend auf den großen französischen Schriftsteller, dessen Abencerrajes-Roman von 1826 bereits erwähnt worden ist. An dieser Stelle wird deutlich, dass der die kollektiven Sehnsüchte der Europäer des 19. Jahrhunderts inspirierende Andalusien-Mythos nicht allein auf der poetisch-malerischen Vergegenwärtigung der maurischen Glanzzeiten des Landes basierte, sondern dass er auch durch die Eindrücke einer üppigen mediterranen, streckenweise subtropischen Vegetation, das strahlende Licht des Südens und die erotischen Verlockungen genährt wurde, die die Reisenden in Andalusien erlebten. Tatsächlich schildern nahezu alle Schriftsteller die Reize der jungen andalusischen Frauen – die malerische, betont feminine Kleidung, die schwarzen Augen, das Spiel mit dem Fächer – in lebhaften Farben; genannt seien nur die hintergründigen Charakterisierungen von Théophile Gautier (*Voyage en Espagne*, 1843). Sevilla wurde mit der Vergegenwärtigung der Don Juan-Legende in José Zorrillas Drama *Don Juan Tenorio* (1844) und insbesondere mit Georges Bizets Oper *Carmen*, die 1875 in Paris uraufgeführt wurde, zum imaginierten Zentrum erotischer Sehnsüchte, die sich zu tödlichen Obsessionen steigern konnten. Im Fall von *Carmen* kam die Inszenierung des Zigeunermilieus hinzu, die dem sich gerade mit dieser Oper verfestigenden Andalusien-Mythos zusätzliche Leuchtkraft verlieh – und zugleich seiner klischeehaften Erstarrung Vorschub leistete.

Die eigentliche „Entdeckung" Andalusiens durch ausländische Reisende vollzog sich in dem Jahrzehnt ab 1830, und zwar gleich auf mehreren Ebenen: Nicht allein Schriftsteller durchreisten das Land oder ließen sich gar für einige Zeit in den Städten Südspaniens nieder – so wohnte der Amerikaner Washington Irving 1829 für mehrere Monate im Areal der Alhambra –, ihnen folgten bildende Künstler, die die Reisewerke illustrierten und in einzelnen Fällen sehr erfolgreich mit eigenen grafischen Serien auf den Markt traten, und schließlich erschienen nach 1830 auch die ersten wissenschaftlichen Untersuchungen zur maurischen Kunst Andalusiens (z.B. von Ludwig Schorn 1831).[4] Unter den britischen

---

4. Zur wissenschaftlichen Erschließung der maurischen Kultur Andalusiens: Henrik KARGE, «Ein europäischer Sonderweg? Spanien in der deutschen Kunstgeschichtsschreibung

Künstlern entwickelte sich in jenen Jahren ein regelrechter Wettlauf um die Entdeckung und bildliche Fixierung der malerischsten Motive des Landes: Der Schotte David Roberts bereiste Madrid und Andalusien vom Dezember 1832 bis zum September 1833 und geriet dabei in die militärischen Wirren der Karlistenkriege, so dass ihm nur mit Mühe die Flucht aus dem eingeschlossenen Sevilla und die Ausreise per Schiff nach England gelang. Um so erfolgreicher war die künstlerische Ernte der Reise, und zwar auch in ökonomischer Hinsicht, denn es gelang Roberts, seine andalusischen Bilder für ein außergewöhnlich hohes Honorar in Thomas Roscoes Werk *The Tourist in Spain* (1835-1838) unterzubringen, und die vier Bände dieses Werks machten wiederum den Illustrator in weiten Kreisen bekannt.[5] Während Roberts in erster Linie effektvolle Gesamtansichten von Städten und berühmten Bauwerken präsentierte und im Fall der Alhambra auch vor romantisierenden Verzerrungen nicht zurückschreckte (Abb. 2), zeichnen sich die Alhambra-Ansichten seines Konkurrenten John Frederick Lewis (*Sketches and Drawings from the Alhambra*, 1835) durch größere Intimität und Natürlichkeit aus. Eine völlig neue Intention stand hinter den präzisen Aufnahmen arabischer Ornamente, die der englische Architekt Owen Jones zusammen mit seinem früh verstorbenen französischen Partner Jules Goury in den 1830er Jahren in der Alhambra angefertigt und 1842-1845 unter dem Titel *Plans, Elevations, Sections and Details of the Alhambra* publiziert hatte: Sie bildeten die Materialgrundlage für Jones' berühmtes Werk *The Grammar of Ornament*, mit dem er 1856 wesentlich zur Erneuerung der kunstgewerblichen Produktion seiner eigenen Zeit beitrug – der bei allem Reichtum streng flächengebundene Dekor der maurischen Spätzeit von al-Andalus stand nun nicht mehr für die romantische Traumwelt einer längst vergangenen Epoche, sondern für eine künstlerische Reformbewegung im Umbruch zur Moderne.[6]

---

des 19. Jahrhunderts», in: Karin HELLWIG (Hrsg.), *Spanien und Deutschland – Kulturtransfer im 19. Jahrhundert / España y Alemania – Intercambio cultural en el siglo XIX* (*Ars Iberica et Americana*, 12), Frankfurt a.M./Madrid: Vervuert/Iberoamericana, 2007, S. 39-55.

5. Vgl. Antonio GIMÉNEZ CRUZ, *La España pintoresca de David Roberts. El viaje y los grabados del pintor, 1832-33*, Málaga: Universidad de Málaga, ²2004.

6. ˙Innerhalb der deutschen Malerei bilden die Alhambra-Darstellungen geradezu ein eigenes Genre. Dessen Spektrum reicht von den genrehaften Darstellungen Wilhelm Gails von 1833 über die exakter am architektonischen Befund orientierten Bilder Eduard Gerhardts aus den Jahren um 1850-1860 zu den zwischen 1870 und 1890 entstandenen Gemälden Adolf Seels. Die Lichtregie der Bilder Seels verrät trotz aller Präzision im Detail die Inspiration durch den Impressionismus. Vgl. Anja GEBAUER, *Spanien. Reiseland deutscher Maler, 1830-1870*, Petersberg: Michael Imhof Verlag, 2000.

2. *David Roberts, Torres Bermejas in Granada, Stahlstich,*
1835, aus: Antonio Jiménez Cruz, La España pintoresca de
David Roberts. El viaje y los grabados del pintor, 1832-1833,
Málaga ²2004, S. 432.

Erst mit einiger Verzögerung, so scheint es, lernten die Spanier ihre
südlichste Region mit den begeisterten Augen der ausländischen Reisenden
zu betrachten. Zwar wurden die Kunstschätze der andalusischen Provinzen
bereits im späten 18. Jahrhundert von Antonio Ponz minutiös erfasst,
doch nahmen sie in seinem vielbändigen Werk *Viage de España* keine
herausgehobene Rolle ein. Der Klassizist Ponz fand in seinem Feldzug
gegen den Formenreichtum der Barockkunst in Andalusien besonders
viele kritikwürdige Monumente. Seine Wertschätzung galt in erster
Linie der an der Antike orientierten Kunst des 16. Jahrhunderts sowie
den Hervorbringungen des akademischen Klassizismus seiner eigenen
Zeit. Es waren eben jene Monumente, an denen die Reisenden des 19.
Jahrhunderts aus England, Frankreich oder Deutschland zumeist achtlos
vorbeigingen, während sich ihre romantische Imagination allein an den
erhaltenen Bauwerken aus der Zeit der Mauren entzündete.

Die Begeisterung der frühen Touristen galt jedoch auch den lebendigen Volkstraditionen Andalusiens: Ferias, religiöse Prozessionen, Volkstänze und Stierkämpfe gehören zum Grundinventar der Reiseberichte. Parallel entwickelte sich in Spanien ab etwa 1830 die literarische Richtung des *costumbrismo*, die sich den volkstümlichen Überlieferungen der verschiedenen Regionen des Landes zuwandte, wobei Andalusien stets eine besondere Rolle spielte.[7] Damit einher ging eine fundamentale Dialektik von Fremd- und Eigenwahrnehmung, die für die Identitätsvorstellungen der Spanier von erheblicher Bedeutung war. Indem die Reisenden aus den übrigen europäischen Ländern über Jahrzehnte hinweg fast ausschließlich nach Andalusien strebten und die dort vorgefundenen Sitten und Gebräuche als typisch spanisch ansahen, wurde diese (einseitige) Vorstellung nach und nach auch in Spanien selbst zum Gemeingut.

In der Malerei verband sich das neue Interesse an der andalusischen Populärkultur mit einer zunehmenden Präzision in der empirischen Erfassung der Gegenstände; das beschwerliche Alltagsleben der einfachen Bevölkerung blieb dabei allerdings zumeist ausgespart. So entstanden farbenfrohe Panoramabilder der großen Feste im Jahreslauf, wie die 1852 von Andrés Cortés y Aguilar geschaffene Darstellung der *feria* von Sevilla mit der Silhouette der Altstadt im Hintergrund. Einen Eindruck von geradezu physischer Präsenz erzeugt das vielleicht qualitätvollste Bild dieser Richtung, die 1862 entstandene Darstellung einer Karfreitagsprozession in Sevilla von Manuel Cabral Bejarano (Abb. 3).[8] Während die Volkstraditionen Andalusiens auf diese Weise immer stärker bildlich in Szene gesetzt wurden, begannen sie in der Epoche der nun auch in Spanien einsetzenden Industrialisierung in der Realität nach und nach zu verblassen.

Nach der Mitte des 19. Jahrhunderts begann die Fotografie, die von Pionierunternehmern wie Charles Clifford und Jean Laurent y Minier in Spanien verbreitet wurde, die visuelle Repräsentation des Landes zu dominieren.[9] Das neue Bildmedium sorgte dafür, dass die

---

7. Vgl. Joaquín ÁLVAREZ BARRIENTOS/ Alberto ROMERO FERRER (Hrsg.), *Costumbrismo andaluz*, Sevilla: Universidad de Sevilla, 1998 (wichtig die Einführung: Joaquín ÁLVAREZ BARRIENTOS, «En torno a las nociones de andalucismo y costumbrismo», in: Ebda., S. 11-18); María Isabel JIMÉNEZ MORALES, *La literatura costrumbrista en la Málaga del siglo XIX*, Málaga: Diputación Provincial de Málaga, 1996.

8. Vgl. Pilar de MIGUEL EGEA, «La pintura en la era isabelina», in: *Liberalismo y romanticismo en tiempos de Isabel II*, Ausst.-Kat. Madrid, Museo Arqueológico Nacional: Madrid: Sociedad Estatal de Conmemoraciones Culturales/ Patrimonio Nacional, 2004, S. 245-265, hier: Abb. S. 259, S. 262.

9. Vgl. allgemein: Publio LÓPEZ MONDÉJAR, *Historia de la fotografía en España*, Barcelona/Madrid: Lunwerg editores, 1997, hier: S. 11-87.

Städte Andalusiens nicht mehr allein als romantische Traumgebilde wahrgenommen wurden. Sie erschienen als urbane Komplexe, die von extremen Gegensätzen zwischen Zentrum und Peripherie, zwischen reichen und armen Wohnvierteln, zwischen alter Bausubstanz und neuen Verkehrs-, Verwaltungs- und Industriebauten geprägt waren. Die aufblühende Fotografieforschung der letzten Jahre hat ein reiches Bildmaterial zur Verfügung gestellt, das neue Einblicke in das städtische Leben des späten 19. und frühen 20. Jahrhunderts insbesondere in den großen Zentren Sevilla, Granada und Málaga ermöglicht.[10]

3. *Manuel Cabral Bejarano, Karfreitagsprozession in Sevilla, Öl auf Leinwand, 1862. Sevilla, Alcázares Reales, Patrimonio Nacional, aus: Henrik Karge, Andalusien (Fotos von Wolfgang Fritz), München 2007, S. 18.*

10.   Rafael GARÓFANO SÁNCHEZ (Hrsg.), *La Andalucía del siglo XIX en las fotografías de J. Laurent y Cía*, Sevilla: Junta de Andalucía, Consejería de Cultura, 1999; Lee FON-TANELLA/ María de los Santos GARCÍA FELGUERA/ Gerardo F. KURTZ, *Fotógrafos en la Sevilla del siglo XIX*, Sevilla: Fundación Focus-Abengoa, 1994 (besonders ertragreich folgender Beitrag: María de los Santos GARCÍA FELGUERA, «Sevilla en blanco y negro», in: Ebda., S. 142-194); Juan Antonio FERNÁNDEZ RIVERO, *Historia de la fotografía en Málaga durante el siglo XIX*, Málaga: Editorial Miramar, 1994; *Granada en la fotografía del siglo XIX*, Ausst.-Kat. Granada, Palacio de los Condes de Gabia: Granada: Diputación Provincial, 1992; Javier PIÑAR SAMOS, *Fotografía y fotógrafos en la Granada del siglo XIX*, Granada: Caja General de Ahorros de Granada y Ayuntamiento de Granada, 1997.

4. *Emilio Beauchy Cano, Sicht von der Mühle am Guadalquivir zur Torre del Oro und zur Kathedrale von Sevilla, Fotografie, 1875-1885, aus: Lee Fontanella/ María de los Santos García Felguera/ Gerardo F. Kurtz, Fotógrafos en la Sevilla del siglo XIX, Sevilla 1994, S. 38, Abb. 35.*

In einer Stadt wie Sevilla werden natürlich auch weiterhin in erster Linie die berühmten historischen Monumente – Kathedrale, Torre del Oro (Abb. 4), Alcázar, Casa de Pilatos etc. – bildlich festgehalten. Die Aufmerksamkeit der Fotografen galt aber auch den Bauten der modernen Verkehrstechnik, wie dem nach dem Vorbild des Pariser Pont du Carrousel bis 1852 errichteten Puente de Triana und dem neoarabisch gestalteten Bahnhof an der Plaza de Armas von 1899-1900. Daneben gibt es bemerkenswert viele Aufnahmen, die die Arbeit im Hafen, in der Tabakfabrik und den Töpfereien und Korbflechtereien, und andere, die das tägliche Leben in den ärmlichen Wohnvierteln der Stadt dokumentieren.[11] Letzteres nimmt sich auffallend ländlich aus, wenn etwa Kühe auf

11. Vielfältig dokumentiert in Lee FONTANELLA/ María de los Santos GARCÍA FELGUERA/ Gerardo F. KURTZ (wie Anm. 10). Reiches fotografisches Material aus dem 19. Jahrhundert ist auch in der aktuellen stadthistorischen Literatur zu Sevilla aufbereitet: Nicolás SALAS, *Sevilla ayer y hoy*, Sevilla: rd editores 2002; *Sevilla entre dos siglos, 1890-1905. Una mirada fotográfica*, Ausst.-Kat. Sevilla, Fototeca Municipal, Sevilla: Ayuntamiento de Sevilla, 2003 (Text von Rafael SÁNCHEZ MANTERO).

der Plaza de San Francisco lagern (Abb. 5). Derart malerische Szenen
können aber keineswegs verdecken, dass in den Fotografien vielfach das
soziale Elend Gestalt gewinnt. Zwar findet auch die costumbristische
Tradition eine Fortsetzung in den fotografischen Aufnahmen von Festen
und Volksgruppen, doch weicht die romantische Vision vom Volksleben
einem kühl registrierenden ethnografischen Blick, vor allem, wenn es
um Randgruppen wie Zigeuner geht.[12] Natürlich ist hier wiederum die
verfremdende Wirkung der frühen Schwarz-Weiß-Fotografie zu bedenken,
die niemals eine vergleichbar sinnliche Vergegenwärtigung des Volkslebens
hervorzubringen vermochte wie die Malerei. Man muss sich also davor
hüten, die düstere Wirkung der auf der mechanischen Fixierung eines
isolierten Moments basierenden Fotografien vorbehaltlos auf die historische Realität des 19. Jahrhunderts zurückzuprojizieren. Demgegenüber
vermochten selbst künstlerisch frei gestaltete Momentaufnahmen, wie
das 1881 von dem eingangs zitierten finnischen Maler Albert Edelfelt
geschaffene Aquarell der Feria de San Telmo in Sevilla (Abb. 6), die
Lebenswirklichkeit recht zuverlässig wiederzugeben.[13]

5. *Anonym, Plaza de San Francisco in Sevilla mit Kühen, Fotografie, Beginn des
20. Jahrhunderts, aus: Nicolás Salas, Sevilla ayer y hoy, Sevilla 2002, S. 58.*

12. Als Beispiel sei R. P. Nappers Aufnahme einer Zigeunergruppe vor einer Mauer
(um 1863) genannt (Publio LÓPEZ MONDÉJAR (wie Anm. 9), S. 42).

13. María Carmen DÍAZ DE ALDA HEIKKILÄ (wie Anm. 1), Taf. 13; Henrik KARGE
(wie Anm. 3), S. 12.

6. *Albert Edelfelt, Feria de San Telmo in Sevilla, Aquarell, 1881. Vaasa (Finnland). Ostrobothnian Museum, aus: Henrik Karge, Andalusien (Fotos von Wolfgang Fritz), München 2007, S. 12.*

Das Bild wird komplexer und zuverlässiger, wenn man die Berichte der Reisenden hinzuzieht, die in den Jahrzehnten vor und um 1900 die Städte Andalusiens besucht und diese zumeist mit einem weitaus schärferen Blick betrachtet haben, als dies bei den romantisch geprägten Reisen des frühen 19. Jahrhunderts der Fall gewesen war. Zugleich betreten wir hier wissenschaftliches Neuland, denn die späteren Andalusienreisen sind trotz ihres herausragenden Quellenwertes und ihrer teilweise bemerkenswert hohen literarischen Qualität bislang noch nie erfasst, geschweige denn ausgewertet worden.

Welch verschiedene Dimensionen der Erkenntnis städtischer Strukturen und städtischen Lebens die Reiseliteratur des späten 19. Jahrhunderts bot, zeigt der Vergleich zweier Werke – Fritz Wernicks *Städtebilder* und Martin Andersen Nexøs *Sonnentage* – mit besonderer Deutlichkeit. Die folgenden Ausführungen konzentrieren sich auf die Betrachtungen zur Stadt Granada.

1880, ein Jahr vor Albert Edelfelts enthusiastischen Briefen aus Granada, brachte Fritz Wernick verschiedene *Städtebilder* zu den Zentren Andalusiens als Teil einer literarischen Serie zu den Städten des gesamten (einschließlich des arabischen) Mittelmeerraums heraus.[14] Der aus Westpreußen stammende Schriftsteller war ein erfolgreicher Geschäftsmann und hatte sich als Autodidakt zum Literaten gebildet. Er behielt aber stets den kühl prüfenden Blick des Ökonomen bei, der die Erträge der Landwirtschaft ebenso gut zu beurteilen wusste wie die Umschläge in den Häfen und die Effizienz der Fabriken. In den Städten interessierten ihn die herausragenden Bauwerke ebenso sehr wie die Wohnverhältnisse der Einheimischen, deren Kleidung, Auftreten und soziale Umgangsformen.

In Granada verteilt Wernick Lob und Tadel gleichermaßen. Auf der einen Seite empfindet er die Stadt – außerhalb der Alhambra – als „gänzlich arm an interessanten Architekturen, wie an Kunstwerken irgendwelcher Art", hebt dann aber auch die „majestätische und edle Raumdisposition" der Renaissance-Kathedrale hervor. Der „Eindruck sonniger Heiterkeit" – hier stimmt Wernick mit mehreren anderen Autoren überein – wird maßgeblich auf die grandiose landschaftliche Situation Granadas und die üppige Vegetation zurückgeführt. Tadelnde Bemerkungen gelten jedoch der mangelnden Pflege der gärtnerischen Anlagen und der alten Bauwerke, vor allem denjenigen aus maurischer Zeit, wie etwa dem nasridischen Handelshof Corral del Carbón im Zentrum der Stadt (Abb. 7). Immerhin werde all dies durch das heiter festliche Volksleben der Granadiner in den Hintergrund gedrängt.[15]

Von der nüchtern-klarsichtigen Bestandsaufnahme der Stadt Granada sticht die begeisterte Schilderung der Alhambra auffallend ab, denn Wernick stellt die hoch über Granada thronende Bergresidenz der Nasriden noch über die Palastbauten, die er in den arabischen Ländern gesehen hatte: Die Alhambra ist für den weit gereisten Schriftsteller nichts weniger als ein „Wunderbau, der nicht seinesgleichen findet auf der ganzen Erde."[16]

Gegenüber der deskriptiven Reiseliteratur in der Art Wernicks, die man mit den die Physiognomien der Städte erfassenden Fotografien der Zeit gut parallelisieren kann, versuchte Martin Andersen Nexø[17] in weit radikalerer Weise das Leben der andalusischen Städte bis in seine

---

14. Fritz WERNICK, *Städtebilder*, Bd. 5 (Neue Folge, Bd. 3), Leipzig: Verlag der Gebrüder Senf, 1880.

15. Fritz WERNICK (wie Anm. 14), S. 327-337, bes. S. 332-335. Der wenig gepflegte Zustand der Granadiner Monumente außerhalb der Alhambra geht aus den zeitgenössischen Fotografien deutlich hervor, so aus den Aufnahmen der Casa del Carbón von Laurent y Cía. und Hauser y Menet (Javier PIÑAR SAMOS (wie Anm. 10), Abb. S. 121; Rafael GARÓFANO SÁNCHEZ (wie Anm. 10), Abb. S. 91).

16. Fritz WERNICK (wie Anm. 14), S. 338.

17. Die Biografien zu Andersen Nexø spiegeln die unterschiedlichen Einstellungen zur politischen Haltung des Schriftstellers wider: Walter A. BERENDSOHN, *Martin Andersen*

Tiefen auszuloten. Der dänische Schriftsteller, der politisch jahrelang als Sozialist aktiv war, hielt sich 1902-1903 in Italien und Südspanien auf, wobei er als sein Lebensumfeld stets die untersten Volksschichten wählte. Politische Dogmatik liegt den teils drastischen, teils humorvoll-hintergründigen Betrachtungen jedoch fern, die Andersen Nexø in dem 1903 publizierten Buch *Soldage* (deutsch 1909: *Sonnentage. Reisebilder aus Andalusien*) versammelte.[18]

In den Granada gewidmeten Kapiteln des Buches beschreibt der Autor liebevoll das familiäre Leben in dem ärmlichen Viertel, in dem er wohnte (Abb. 8); deutlich distanzierter dagegen die Lebensverhältnisse

7. Laurent y Cía., Torbogen zum Corral del Carbón in Granada, Fotografie, ca. 1879-1880, aus: Rafael Garófano Sánchez (Hrsg.), La Andalucía del siglo XIX en las fotografías de J. Laurent y Cía, Sevilla 1999, S. 91.

Nexös Weg in die Weltliteratur, Berlin: Dietz Verlag 1949; Aldo KEEL, *Martin Andersen Nexø. Der trotzige Däne. Eine Biographie*, Berlin: Aufbau Taschenbuch Verlag, 2004.

18.   Martin ANDERSEN NEXÖ (deutsche Schreibweise), *Sonnentage. Reisebilder aus Andalusien*, Berlin: Dietz Verlag, ²1953 (1. deutsche Ausgabe Leipzig: Merseburger Verlag, 1909).

der Zigeuner in den Höhlen des Sacromonte. Kontrastreicher könnten die Schilderungen nicht ausfallen als diejenigen, die Andersen Nexø bei einem Rundgang entlang der Stadtränder von Granada entfaltet. Entzücken und Schaudern liegen hier nahe beieinander und werden höchst wirkungsvoll literarisch umgesetzt. Dies beginnt schon mit den ersten Schritten:

> „Kaum aus dem Tore, mache ich einen langen Schritt über einen groß-en toten Hund hinweg – gestern lag ein anderer ungefähr an derselben Stelle – und schlendre die Straße hinauf. In einer kurzen Quergasse liegt ein Abfallhaufen, zwei schlottrige Hunde und ein Bettler wühlen nach Eßbarem in ihm herum. Oben, zwischen den bunten Balkonen, hängen weiße Nebelfetzen; die Morgensonne fällt längs in das enge Gäßchen und füllt es mit rosa Licht und tintenen Schatten, und die Balkone werfen lange Schattenstreifen schräg über die Fassaden herab."[19]

8. Anonym, Platz gegenüber der Puerta de Fajalauza in Granada, Fotografie, ca. 1878, aus: Granada en la fotografía del siglo XIX, Ausst.-Kat., Palacio de los Condes de Gabia, Granada, 1992, S. 75.

Als abstoßend erweist sich vor allem die Kehrseite der Stadt, der Unterlauf des Flusses Darro nach dem Austritt aus der Stadt:

19. Ebda., S. 172.

„Eine Reihe kahler Weiden, in deren Ästen Hunderte von Krähen zanken und lärmen, zeigt an, wo der Darro nach seinem unterirdischen Lauf wieder hervortritt. Mit seinem kilometerbreiten Bett, in dessen eine Seite sich der Strom tief eingegraben hat, ist er eine Wüste mitten in der üppigen Vega.- Alles, was die Stadtbewohner nicht mehr brauchen, wird durch Falltüren in den unterirdischen Fluß gestürzt, fließt hier heraus und bildet eine riesige Schindergrube. Ein Gestank von Aas schlägt einem entgegen, da und dort wirbelt der Strom um das Gerippe eines Pferdes oder eines Esels, und die entblößten Rippen stechen in die Luft wie die Spanten eines Wracks am Gestade. Tote Hunde und Katzen sind angeschwemmt, wo ein hervorstechender Stein eine Stauung verursacht, und liegen in einer bunten Masse von Zweigen und Röhricht; halb gestürzte Weiden hängen über den Fluß und spiegeln ihr dürftiges Holzgeäste in dem Wasser, wo es breit und ruhig dahinfließt. Raben und wilde Hunde reißen und balgen sich um das blutige frische Aas eines Pferdes."[20]

Am Hang der Alhambra angekommen, schlägt die Schilderung Andersen Nexøs in Begeisterung um:

„Lege das Ohr an den Boden! In allen Richtungen gluckst und lacht es; kalte, schillernde Ströme tauchen aus der Erde hervor und verschwinden wieder. Über eine moosbewachsene schroffe Mauer, die wie eine uralte Felsenwand in den Laubmassen steht, wälzt sich das Wasser in mächtigem Sturz hinunter und zersplittert in sonnenglänzendem Staubregen. Vögel fliegen ausgelassen und lärmend in dem Kristallregen ein und aus; zwei zerlumpte Jungen versuchen, sich zwischen den Wasserfall und die Mauer zu drücken; sie stoßen die Köpfe durch die Wassermasse und schreien vor wirrer Freude."[21]

Mit seinem expressiven Verismus lieferte Andersen Nexø zweifellos ein eindrucksvolles Bild der Stadt Granada am Ende des 19. Jahrhunderts – ein Bild, das die tatsächlichen Lebenserfahrungen des Autors ebenso deutlich spiegelt wie seine persönliche Interpretation des Erlebten.[22] So stellt ein derartiges literarisches Stadtporträt neben den überlieferten Fotografien der Zeit eine weitere, wiederum subjektiv geprägte Facette zur Annäherung an die Komplexität der historischen Wirklichkeit dar. In dieses Panorama kann man auch die freieren künstlerischen Auseinandersetzungen mit der Gestalt Granadas einordnen.

---

20. Ebda., S. 180 f.
21. Ebda., S. 183.
22. Leider findet sich der Text Andersen Nexøs nicht in der literarischen Anthologie von Koidl. Vgl. Nina KOIDL (wie Anm. 3).

Hier soll ein abschließender Blick auf das Werk eines international
ausgesprochen erfolgreichen Künstlers geworfen werden, der nicht aus
Granada stammte, dort jedoch eine der wichtigsten Phasen seines Lebens verbracht hat: Mariano (Marià) Fortuny (1838-1874). Dieser aus
Katalonien stammende Maler verbrachte die Jahre seiner künstlerischen
Erfolge zwar großenteils in Paris und Italien, doch zog er sich 1870 für
zwei Jahre ins vergleichsweise provinzielle Granada zurück, um ein vom
gesellschaftlichen Leben und den Modeströmungen seiner Zeit weitgehend
abgeschiedenes Künstlerleben inmitten eines geselligen Freundeskreises
zu führen.[23] Hier entstanden auf der Grundlage von Freiluftszenen

9. Laurent y Cía., Garten der Casa de Fortuny in Granada,
Fotografie des unvollendeten Bildes von Mariano Fortuny,
nach 1872, aus: Granada en la fotografía del siglo XIX,
Ausst.-Kat., Palacio de los Condes de Gabia, Granada
1992, S. 9.

23. Vgl. zu Fortuny: María de los Santos GARCÍA FELGUERA, «Zwischen Tradition
und Moderne: Mariano Fortuny», in: Henrik KARGE (Hrsg.), *Vision oder Wirklichkeit. Die
spanische Malerei der Neuzeit*, München: Klinkhardt & Biermann 1991, S. 218-239; José
Luis DÍEZ/ Javier BARÓN (Hrsg.), *El siglo XIX en el Prado*, Ausst.-Kat. Madrid, Museo
Nacional del Prado, Madrid: Museo Nacional del Prado/ Tf editores, 2007, S. 290-315.

lichtdurchflutete maurische Szenen, wie die „Gerichtsverhandlung in der Alhambra" von 1871, die mit wenigen Farben in geradezu virtuoser Weise historische Raumvorstellungen evozieren.[24]

10. *Mariano Fortuny und Raimundo de Madrazo, Garten der Casa de Fortuny in Granada, Öl auf Leinwand, 1872/1877. Madrid, Museo Nacional del Prado, aus: José Luis Díez/ Javier Barón (Hrsg.), El siglo XIX en el Prado, Ausst.-Kat., Museo Nacional del Prado, Madrid, 2007, S. 313, Abb. 69.*

24. Vgl. Henrik KARGE (wie Anm. 3), S. 19 mit Abb. Bemerkenswert ist die Tatsache, dass der Katalane Fortuny – und dies machen seine Äußerungen unmissverständlich deutlich – in Granada bei aller Exotik des orientalisch wirkenden Ambientes, die er in seinen Bildern bewusst betonte, doch auch eine Art Heimat suchte und fand. Offenbar wurde Andalusien zu jener Zeit auch von einem Katalanen noch als Teil des eigenen Landes empfunden.

Wenn Fotografien des 19. Jahrhunderts historische Wirklichkeiten für die Nachwelt festzuhalten vermögen und sie dennoch einseitig interpretieren, so gilt dies auch im Hinblick auf die Kunst selbst. Als Mariano Fortuny 1874 im Alter von gerade 36 Jahren in Italien starb, hinterließ er ein unvollendetes Ölgemälde seines eigenen Gartens im Realejo Bajo in Granada („Jardín de la casa de Fortuny en Granada", wohl 1872). Sein enger Freund Raimundo de Madrazo vervollständigte es im Jahre 1877 mit einem Porträt seiner Schwester Cecilia de Madrazo, die mit Fortuny verheiratet gewesen war, sowie mit der Darstellung eines liegenden Hundes (Abb. 10).[25] In dieser Weise gelang Madrazo ein Monument künstlerischer Memoria, das Zeugnis gibt von einer außergewöhnlichen stilistischen Einfühlungsgabe. Die Genese des Werks lässt sich so gut verfolgen, da eine Fotografie der Firma Laurent y Cía. die unvollendete Fassung Fortunys zeigt (Abb. 9).[26] Ihr hoher dokumentarischer Wert ist daher unbestritten. Der Vergleich mit dem Gemälde im Prado macht zugleich jedoch deutlich, welch gravierende Verluste an visuellen Eindrücken die Reduktion auf eine glatte Schwarz-Weiß-Reproduktion mit sich bringt: Die außerordentliche Lichtfülle, die strahlenden Farben und prägnanten Konturen des Gemäldes vermögen, auch wenn die Komposition ja teilweise einer nachträglichen Konstruktion entspricht, weit mehr von der sinnlich erfahrbaren Lebenswirklichkeit des Granadiner Künstlergartens im Jahre 1872 zu vermitteln, als dies einer Fotografie – auch einer des Gartens selbst – möglich gewesen wäre.

25. Luis DÍEZ/ Javier BARÓN 2007 (wie Anm. 23), S. 312-315, Abb. 69.
26. Ebda., S. 312, Abb. 69. 2.

MESA REDONDA

ACTUALIDAD DE LAS FORMAS URBANAS DEL XIX EN LOS PROYECTOS RECIENTES DE BARCELONA

JESÚS DE LA TORRE
Arquitecto

Querría empezar este texto con una pregunta que parece obligada para delimitar mínimamente la cuestión en debate: ¿De qué hablamos al referirnos a la ciudad del XIX? Consideremos al respecto el caso de Barcelona. Si observamos la compleja secuencia de episodios de transformación que vive esta ciudad a partir de 1850, veremos cómo a todo lo largo de ese tiempo permanece, y hasta se acentúa, la siguiente dicotomía. De un lado nos encontramos con una potente y clara morfología urbana, el entramado-cuadrícula derivada del proyecto de Ensanche de Ildefonso Cerdá (1859); de otro, una diversificación de las formas de crecimiento que se registran en la periferia del área central. Esta diferencia se acentuará en la segunda mitad del siglo XX, con la gran redinamización urbana que se produce desde 1950 en adelante.

Pero, además, a esta elemental consideración morfológica tenemos que superponerle los cambios tan importantes, a veces radicales, que a caballo entre el XIX y el XX van a producirse en la estructura funcional y económica del espacio urbano, de las diferentes tramas urbanas que integran el mosaico de ciudad. No en vano es en la primera mitad del siglo XX cuando se va gestando la conformación de una potente economía industrial y de una incipiente estructura metropolitana entorno a Barcelona. De ella derivarán notables cambios en la caracterización y organización espacial de las funciones que tradicionalmente acumulaba el centro histórico y su extensión más próxima, el llamado Ensanche Central.

Por consiguiente, una primera, y casi obvia, constatación: diversidad y complejidad en el legado que la ciudad histórica, la del XIX en especial, pone en juego en el arranque del 1900 y en las etapas tan importantes que le siguen.

Propongo ahora continuar con una hipótesis respecto a la cuestión de fondo, es decir, a qué respuestas tenemos hoy, desde la arquitectura y el urbanismo, desde sus legados históricos del XIX y XX, a los nuevos desafíos de la ciudad en el arranque del siglo XXI. La hipótesis que propongo, y que me parece dominar ampliamente nuestros ámbitos disciplinares, es la de que el urbanismo aún no ha encontrado sus necesarias reformulaciones antes las aceleradas transformaciones urbanas del cambio de siglo, ante lo que algunos, como François Ascher, llaman la "tercera revolución urbana" moderna.

A título de ejemplo, puede observarse cómo se han puesto en crisis en los últimos veinte a treinta años bastantes de las certezas con que la urbanística venía abordando en los años entre 1970 y 1980 algunas problemáticas cruciales de la ciudad. Entre éstas se podrían mencionar las relativas a la contraposición entre conservación *versus* transformación en los centros históricos, las relacionadas con los niveles de predeterminación formal deseables en el tratamiento y la reglamentación mediante ordenanzas edificatorias de las diferentes áreas urbanas, tanto en proceso de consolidación como de nuevo desarrollo, y, por último, las relacionadas con las estrategias deseables para la movilidad y accesibilidad urbanas.

Y llegados a este punto, que no es sino un sencillo recordatorio de los "tiempos de mudanza" en que andan las ciudades de inicio del siglo XXI, hay que insistir en el carácter tan claramente poliédrico de los cambios en curso, y, por tanto, de los nuevos retos a los que supuestamente hay que dar respuesta: económicos e infraestructurales, pero también sociales y culturales, además de medioambientales y, obviamente, político-administrativos. Cuando ya casi nadie otorga a la técnica y a sus representantes aquellos supuestos valores de objetividad y capacidad anticipadora que conformaron tantas utopías tecnocráticas de los años sesenta a setenta uno podría preguntarse ¿cómo se redefinen en semejante contexto los mecanismos de gobierno y de consenso en las ciudades, ya fuertemente cuestionados?

Me permitiré apuntar ahora algunas consideraciones a tantos interrogantes:

No parece que sea entre los invariantes de la ciudad del siglo XIX (retícula urbana, manzanas, ejes, continuidad, regularidad, claridad, etc.) ni tampoco en sus pretendidos modelos alternativos del siglo XX (planta libre, asimetría, transparencia, singularidad, discontinuidad y complejidad, etc.) donde nos convenga emplazar la discusión sobre los modelos y atributos deseables para la nueva forma urbana. Como apuntan diversos autores, la quiebra, o simplemente crisis, de los grandes discursos omniexplicativos trae consigo inseguridad y riesgos, pero también puede ser liberadora, renovadora – con alguna condición. Una, bastante sencilla, sería que acertemos a ser modestos, por pragmáticos, y a no perder de vista algunas lecciones de nuestra propia experiencia: el siglo pasado es abundante en fracasos, y también en aciertos, en casi todas nuestras ciudades.

Querría también recuperar el caso de esa Barcelona que ha dado pie al arranque de este texto. Aquella yuxtaposición de piezas urbanas y de lógicas de construcción de ciudad que mencionaba al principio es bien evidente en alguno de los últimos episodios de transformación que siguen al tan valorado período entre 1980 y 1992 y que culmina en los Juegos Olímpicos del 92. Me estoy refiriendo al área litoral-urbana llamada "Fórum 2004". Ésta ha suscitado un fuerte debate sobre lo que algunos consideran una inflexión en el proyecto urbano de la ciudad, en el a veces llamado "modelo Barcelona". A este respecto, se considera que allí se han adoptado soluciones de ordenación general y de formalización arquitectónica propias de los modelos de ciudad nórdica, o americana, tan contrapuestos a la ciudad densa y compacta del ámbito sureuropeo y mediterráneo.

BARCELONA, FOTOVUELOS DE LOS AÑOS 1930: CONSOLIDACIÓN DE LA TRAMA URBANA DEL ENSANCHE CERDÁ, EN SU ÁREA CENTRAL, RESIDENCIAL Y REPRESENTATIVA, Y EN SU CORONA EXTERIOR, INDUSTRIAL Y DE VIVIENDA OBRERA

Pero este nivel de la discusión, ciertamente pertinente y necesario, no debiera hacer olvidar que al mismo tiempo, en el período que sigue a 1992, la ciudad vive inmensos cambios de tipo económico, social y demográfico. Éstos repercuten de nuevo no sólo sobre el artefacto urbano central, sino también sobre los contenidos y los dispositivos de la centralidad referida a una escala superior, la del territorio metropolitano.

Un rasgo característico de estas transformaciones es, en efecto, que las mismas cada vez más claramente implican un cambio de escala, una superación de aquella "escala local" en la que precisamente Barcelona había sabido construir y consensuar unas políticas urbanas de reequilibrio, de redistribución y recualificación. Para su actualización se hace hoy insoslayable la escala metropolitana/regional como marco real y operativo sobre esas nuevas problemáticas a las que este texto hace referencia.

Estos planteamientos nos llevan, finalmente, a desear que este necesario redimensionamiento de la escala y los instrumentos de la política urbana pueda ser pensados y practicados con aquella buena inteligencia de los problemas que permitió a la Barcelona del intenso y rico período 1980/2000 conjugar crecimiento y cualificación con reforma interior y redistribución. También ese buen gobierno de la ciudad debiera formar parte de la herencia con que se acometen los nuevos problemas.

LERNEN VOM 19. JAHRHUNDERT?
STADTERWEITERUNG IN DEUTSCHLAND UND SPANIEN:
HOBRECHT UND CERDÁ

DIETER HOFFMANN-AXTHELM
Planer und Publizist

Die beiden wirksamsten urbanistischen Modelle des 19. Jahrhunderts waren solche eines inneren Stadtumbaus: die Durchbrüche Haussmanns und seiner Nachfolger in Paris, das Modell Boulevard, und die Urbanisierung des Festungsgürtels in Wien, das Modell Ringstraße. Für die Stadterweiterung trugen diese Modelle nichts bei.

Eine Methodik der Stadterweiterung im modernen Sinne eines offenen Prozesses wachsender Stadt und einer Loslösung der Planung von Stadtbildern und Stadtfassaden entstand dagegen in einigen schnell wachsenden Industriestädten. Die früheste moderne Erweiterungsplanung in Deutschland (zugleich die umfangreichste) ist der Hobrecht-Plan von 1861 für Berlin. Sie ist allerdings zugleich die am wenigstens spektakuläre und am meisten verkannte. Umgekehrt weist Spanien ein Modell auf, das so spektakulär ist, dass es alle Aufmerksamkeit auf sich zog: Cerdás Erweiterungsplan von 1859 für Barcelona.

Beides sind Ingenieursplanungen auf der Höhe der Zeit. Beide Planungen formulieren ein klares Bild der Gesellschaft, für die geplant wird. Bei beiden handelt es sich um staatlich beauftragte Planungen. Beide Mal ging es, eine unerhörte Situation, die so sonst nur in den USA, in den Plänen für Washington, Manhattan, Philadelphia, Chicago, gegeben war, um einen Gesamtentwurf auf der Schwelle zu offener Planung. Eine Planung also, die, im Unterschied zur Vergangenheit, unter dem Gesichtspunkt eines unbegrenzten, d.h. nicht mehr durch formale Grenzen – sei es das Vorstellungsbild eines geschlossenen Stadtkörpers, seien es ideale geometrische Proportionen – definitiv eingezäunten Wachstums zu betrachten ist.

Aber wie verschieden sind dann die tatsächlichen Lösungen: eine pragmatische, am vorhandenen Stadtorganismus ansetzende, ihn allseitig erweiternde Planung bei Hobrecht, eine abstrakte, sich so unvermittelt wie überlegen neben die vorhandene Stadt stellende Flächenausweisung bei Cerdá.[1] Hobrecht arbeitete im Rahmen des Wirtschaftsliberalismus seiner Zeit, Cerdá plante für eine gewünschte, aber nicht vorhandene egalitäre Gesellschaft. Hobrecht benutzte die vorhandenen Wegführungen und integrierte die erfolgte Umwandlung von gemeingenutztem Ackerland in privates Bauland, Cerdá behandelte das Gelände als tabula rasa, dem nirgendwo erlaubt ist, die Gleichförmigkeit und virtuelle Unendlichkeit des Rasters zu stören, eine Unendlichkeit, die erst am Gebirge ihre zufällige Grenze findet.

Gewiß gab es dazu Ansatzpunkte schon im jeweilig Vorhandenen: Deutschland hatte von langer Hand Erfahrungen mit dem Wachstum der Städte gesammelt, in Berlin blickte man bereits auf 200 Jahre geplanter Stadterweiterungen zurück. In Spanien dagegen war man methodisch noch im Erfolgsmodell der eigenen frühneuzeitlichen Gründungsstädte und ihres voraussetzungslosen Rasters befangen. Die meisten spanischen Städte waren zudem noch nicht oder nur in ganz kleinen Schritten über die Stadtmauer hinaus gegangen, und jene Städte, die im 19.Jahrhundert großzügige Erweiterungen vornahmen - Madrid, Barcelona und, in Spiegelung letzterer, Valencia (1887) -, betraten Neuland.

Aber das erklärt nicht die ungeheure Distanz zwischen den beiden Plänen. Diese ist vielmehr die Folge völlig verschiedener Ansätze. Man kann den Unterschied in einem einzigen Satz klar machen: Bei Hobrecht wird die Stadt erweitert, bei Cerdá wird eine Methode der Erweiterung exekutiert.

Erfolgreich waren beide Planungen. Barcelonas *Ensanche* war es eher trotz Cerdá, indem die Bauspekulation den Plan in die Kontinuität europäischer Stadtstruktur zurückholte. Der Berliner Erweiterungsplan war es ebenfalls, indem er über vorausschauendes Offenhalten und Korrekturfähigkeit die Atmungsfähigkeit und soziale Beweglichkeit der daraufhin entstandenen Stadtviertel garantierte. Cerdá war zweifellos im Verhältnis der beiden Planer der Moderne, Hobrecht bloß der Zeitgenössische. Von heute aus und auf dem Hintergrund des höchst ambivalenten Durchgangs durch die Moderne gesehen, erscheint allerdings der kompromisslose Methodenzwang der *Ensanche* eher als das historisch Überholte, das offenere Strukturdenken Hobrechts als das eher Zukunftfähige.

---

1. Vgl. Dieter HOFFMANN-AXTHELM, *Die dritte Stadt. Bausteine eines neuen Gründungsvertrages*, Frankfurt 1993, S. 193.

James Hobrecht, Plano de Berlín y alrededores hasta Charlottenburg, 1862, in: Rudolf Wolters, Stadtmitte Berlin. Stadtbauliche Entwicklungsphasen von den Anfängen bis zur Gegenwart, Tübingen: Verlag Ernst Wasmuth, 1978, p. 161

STÄDTE IM 21.JAHRHUNDERT

Die sozialistische Option der Aufhebung von Stadt und Land hatte politische und wirtschaftliche Voraussetzungen, die sich als uneinlösbar erwiesen: die Aufhebung des Staates und die Überführung des Kapitalismus in eine Ökonomie freier unabhängiger Produzenten. Die Planungsmoderne des 20. Jahrhunderts realisierte, was dann noch übrig blieb: die städtebaulichen Bilder der sozialistischen Utopie. Und dies auch nur dort, wo der Sozialstaat als Auftraggeber auftrat: im Massenwohnungsbau.

Erweiterung ist in der Mehrzahl der europäischen Städte kein Thema mehr, aus zwei Gründen: einmal, weil die Suburbanisierung sich so weit verselbständigt hat, dass von Stadt als einem Kernstadt und Suburbanisierungen Gemeinsamem nicht mehr die Rede sein kann. Zum andern, weil beide Seiten, Kernstädte und Suburbanisierungen, heute von der demografischen Schrumpfung überholt werden. Schon aus diesem Grunde ist auch die nachholende Suburbanisierung in Spanien oder Portugal inzwischen an ihre Grenze gelangt. Hinzu kommen andere Gründe: steigende Benzinpreise, die für die suburbanen Bevölkerungen das

Einpendeln in die Stadtkerne verteuern, steigende Infrastrukturkosten, die, bei abnehmender Bevölkerung, irgendwann zur Aufgabe von Standorten zwingen werden, ökologische Notwendigkeiten im Rahmen der eintretenden klimatischen Veränderungen, kontinuierlich fallende Preise für suburbane Eigenheime, absinkende Versorgungsdichte in vielen Suburbanisierungen, die das Altern an Ort und Stelle problematisch machen, Wasserknappheit. Insgesamt stellt dies ein so potentes Bündel von Problemen dar, dass wir zweifellos höchst einschneidenden Veränderungen entgegen gehen.

Wir haben allerdings auch angesichts dieses gesamteuropäischen Umstandes eine gespaltene Situation. Wirtschaft und Bevölkerungen ziehen sich aus einem Teil der Fläche zurück, egal ob es sich um Städte, Dörfer oder verselbständigte Suburbanisierungen handelt. In den Zentren wirtschaftlichen Erfolgs nehmen Wirtschaft und Bevölkerung weiter zu. An die Stelle der Stadterweiterung ist in diesen Zentren aber die innere Kolonisierung auf ungenutzten Altflächen getreten: aufgelassene Industrieareale, innerstädtische bzw. innenstadtnahe Hafenanlagen, zu klein gewordene stadtnahe Flughäfen, Güterbahnareale, die wegen der Auslagerung der Logistik an Autobahnstandorte brach fielen, aufgegebene Kasernenareale... Dies stärkt diejenigen Kernstädte, die nach wachsen, zuungunsten der Peripherie.

Die Stadterweiterungen des 19.Jahrhunderts geben auf diese Problemlage keine Antwort, jedenfalls so lange nicht, wie man sie unter dem Schlüssel der Expansion und generellen wirtschaftlichen Wachstums liest. Als Modellfall sind sie aber dann wegweisend, wenn man ihre Mikrologik beachtet. Diese bildete einen interessanten Zwischenstand zwischen der stationären Stadt der Vergangenheit und der modernen Stadtauflösung. Sie war modern, insofern sie in einen offenen Prozeß eintrat, sie war zugleich traditionell, insofern sie noch erstens klar zwischen öffentlicher und privater Zuständigkeit unterschied und zweitens segmentiert, in kleinen selbständigen, ihrer Größe nach variablen Einheiten, vor sich ging - die Parzellenstruktur der privaten Flächen erlaubte soziale und funktionale Mischung, somit urbane Komplexität.

Genau das ist mit den monolithischen Vornahmen der Moderne verloren gegangen. Und dies so gründlich, dass noch die inneren Kolonisierungen, die heute die Aktualität der Stadtplanung ausmachen, hinter diesen Standard zurück fallen, zugunsten lediglich urban scheinender Dekorationen, so die Wasserkanten von Barcelona, London, Rotterdam, Hamburg usw. Aber Waterfront ist nur eine Mode. Das strategische Problem dahinter heißt Innenstadterweiterung. Da liegt die Ressource der Kernstädte, ob Millionenagglomeration oder Kleinstadt.

CONTRA LA DISCONTINUIDAD URBANA.
APRENDIENDO DE LA CIUDAD INDUSTRIAL

MARIA RUBERT DE VENTÓS[1]
Arquitecta

Una ciudad abierta, sin precintos, con una nueva escala, donde la geo-metría de la calle integra los servicios e infraestructuras; una ciudad que incorpora trasporte ferroviario y con él una relación inédita con lugares alejados. Así se formula la ciudad industrial, creciendo en continuidad con la existente. A lo largo del siglo XX esa ciudad se transformó siguiendo otros patrones que dibujan un nuevo continuo disperso. Pero las premisas que permitieron adaptar la ciudad preindustrial a la modernidad surgen de nuevo en el siglo XXI. Así el transporte ferroviario y un crecimiento mas compacto, organizado por calles que den continuidad a las arquitecturas, son algunos de los retos que afrontan hoy las ciudades.

1. MANZANAS Y CALLES PARA TODO

La apertura de los espacios de la ciudad al movimiento significó cambios estructurales a partir de principios del siglo XX. Adaptar la ciudad a la circulación comportó primero nuevas aperturas en tejidos

---

1. Maria RUBERT DE VENTÓS. «Mas cien acres de manzanas», Maria RUBERT DE VENTÓS, «Pino Montano, un polígono de manzanas». En: *UR Urbanismo Revista*, Nr. 3, 1985, Barcelona. LUB Laboratorio de Urbanismo de Barcelona; J. PARCERISA y Maria RUBERT DE VENTÓS, La ciudad no es una Hoja en Blanco. PUC. Santiago de Chile 2000; J. PARCERISA y Maria RUBERT DE VENTÓS, Metro. Galaxies metropolitanas. Ed. UPC 2002.

antiguos (sventramentos) y múltiples medidas para ensanchar calles. Pero la introducción masiva del coche ejerció una presión desmesurada que propició intervenciones más radicales. Por un lado se experimentó con la jerarquía viaria (calles especializadas, comerciales, de gran circulación, peatonales, en *cul de sac*...) como sistema para racionalizar el tráfico (véase las *Régle des 7 voies* de Le Corbusier). Pero quizás la apuesta mas arriesgada fue la versión de la calle convencional organizada "por pisos", la *rue future* de Eugène Henard (1910), con las circulaciones y actividades a distinto nivel, donde la acera para peatones y el comercio se despegaban del nivel de la circulación de vehículos (véase también la denominada ciudad vertical de Ludvig Hilberseimer, 1924). A lo largo del siglo XX se construyeron diversas propuestas que tuvieron esa idea de multiplicación vertical de la calle como argumento, de la nueva ciudad Toulouse le Mirail al centro Segelstor de Estocolmo. Son experimentos que los visitamos hoy con interés, pero a la vez con cierta desazón porque desmembrada la calle, la manzana se rompió, y con esa ruptura la edificación libre sustituyó a la manzana con edificación perimetral. En la nueva ciudad zonificada el trabajo se había escindido totalmente de la vivienda; la mezcla de usos y la proximidad que se daba en los barrios tradicionales quedaba superada y suprimida.

Tras décadas de inventos sobre la calle, parece que hay un nuevo consenso sobre el interés y la capacidad de la calle convencional del XX para organizar la ciudad moderna. Porque de hecho comprobamos hoy cuanto mas complejos y flexibles han sido los trazados regulares del XIX, monótonos e igualitarios, y cómo han sido capaces de adaptarse e incorporar tanto nuevos usos como arquitecturas variadas para crear tramos de ciudad compacta y continua. Aquellas retículas han articulado un paisaje urbano que se ha construido sobre un tablero de juego fijo, a lo largo de muchos años, a partir de múltiples proyectos, encajando usos variados.

Quizás por ello, y sobre todo en las últimas décadas, las ciudades tratan de invertir en la recuperación de la calle convencional mixta, tanto en los centros como en las nuevas áreas mas desestructuradas donde prácticamente no hay calles. Actualmente se ensayan soluciones que introducen nuevas actividades y densidad en los barrios abiertos y en zonas de baja densidad, como mecanismo para integrarlos a la ciudad. Van a ser necesarios múltiples proyectos para reintroducir continuidad e interés en la urbanización que se ha desarrollado en las ultimas décadas.

New Museum, looking west. Maria Rubert, 2008

2. DE NUEVO LA ESTACIÓN FERROVIARIA

En la ciudad actual, la actividad vinculada a la circulación masiva promueve la construcción de nuevos espacios que a menudo se transforman en plazas de intercambio. El caso de las estaciones de metro en las grandes ciudades es paradigmático, porque deben solucionar la superposición de usos y actividades en entornos urbanos generalmente sometidos a gran presión. Y eso ocurre no solo en las metrópolis tradicionales como Londres o Nueva York, sino también en las de formación más reciente y urbanísticamente menos estructuradas como México, Teherán o el Cairo. Quizás por ello en las ultimas décadas la arquitectura más interesante de las grandes ciudades esta a menudo vinculada a los espacios de la movilidad. Me refiero a entornos como las estaciones y los túneles de la *Jubelee Line* en Londres, las espacios del nuevo metro L 14 y las estaciones *Magenta* y *Haussmann Saint Lazare* en París, los bellos corredores de las estaciones excavadas de Estocolmo, la iluminación de las nuevas estaciones de metro en Munich, las estaciones metálicas de la línea B en Praga, las bocas y vestíbulos del metro en Bilbao o proyectos tan distantes como el futuro intercambiador de *Fulton street* en New York o los programas de equipamientos entorno a las estaciones del metro en Madrid y Medellín. No hay duda de que aquí los requerimientos técnicos, las necesidades de garantizar la seguridad y legibilidad del espacio hacen mas complejo el diseño y contribuyen a la belleza y vitalidad de los espacios.

Por otro lado, muchas de los grandes centros ferroviarios del XIX están adaptándose para organizar los necesarios enlaces con el sistema metro, bus, taxi, tranvías (Estrasburgo) o bien para garantizar la continuidad ferroviaria (Zurich). Las estaciones terminales han transformado su estructura para adaptarse a su nueva condición de polo de intercambio configurando espacios de máxima tensión e interés plástico: Es el caso de la *Gare du Nord* en París, de la Estación *Termini* en Roma o de Atocha en Madrid. Por otro lado la irrupción del alta velocidad ha impulsado la construcción de nuevos edificios públicos de gran interés en el centro de las ciudades, como es el caso de las estaciones de Santa Justa en Sevilla o Las Delicias en Zaragoza.

Como a finales del siglo XIX, la estaciones ferroviarias están modificando y recomponiendo la estructura de la ciudad, dibujando los nuevos lugares de intercambio y facilitando la movilidad de los ciudadanos.

Esa constelación de estaciones que configuran los lugares centrales –las nuevas plazas al servicio de la movilidad–, y las nuevas calles continuas, –que deben recomponer las partes de la urbanización dispersa reciente– están construyendo, como en el s XIX, una ciudad distinta, confiamos mas articulada.

RESÚMENES

KULTUR UND NATIONALE KUNST IN DER ROMANTISCHEN ÄSTHETIK SPANIENS

IGNACIO HENARES CUÉLLAR

Die Bildung eines Kulturmodells, das sich auf die nationalen Besonderheiten konzentriert und von historistischem Ursprung und subjektivem Charakter ist, liegt in der Bestimmung einer erkenntnistheoretischen Revolution und konservativen Ästhetik, wie die der Romantik gewesen ist. Der durch diese Revolution repräsentierte Vorgang setzt die Verwirklichung von Handlungen voraus, die sich dem Scheitern und der Ablösung des klassizistischen Modells widmen, welches das Ergebnis des Vertrauensverlustes in die universellen Werte sowie Ausdruck der sentimentalen und der geistigen Unzufriedenheit ist, mit denen sich die Gesellschaft in der Krise der Aufklärung konfrontiert sah.

Letztere hingegen, ausgelöst durch die Französische Revolution, repräsentiert die erste Etappe einer anderen Revolution, die, bedingt durch die ständige Unzufriedenheit mit den politischen Bedingungen – ganz gleich, ob es sich hierbei um die Ordnung in einem illustrierten Despotismus oder um die im 1789 ausgelösten Parteikampf handelt –, das Wesen und die Vorstellungen eines neuen geistlichen und poetischen Umschwungs innehat, der das rationale System der Aufklärung ersetzen soll. Mithilfe dieser Revolution können die Fehler eines geistigen Systems bei der Erkenntnis und der Etablierung einer wahren Beziehung zwischen dem Subjekt und der Natur überwunden werden. Sie sichert entgegen der geistigen Ernüchterung zur Jahrhundertwende die Vorherrschaft des Gesellschafts- und Kulturgeistes zu.

Die Debatte darüber und auch diejenige, die sich um die Thesen eines neuen Bewusstseins dreht, boten Raum für eine wichtige historische Eigenschaft, die die romantische Revolution kennzeichnet. In dieser werden die nationalen Identitätswerte, die die erste zeitgenössische und Kulturkritik in bedeutender Weise änderten, vollkommen sichtbar gemacht. Das Hauptmodell dieses kritischen Prozesses stellt die von Herder hergeleitete Geschichtsphilosophie dar. Die gesamte zweite Hälfte des 18. Jahrhunderts wurde in Spanien von einem sozial-politischen und kulturellen Reformprozess beherrscht. Dieser widmete sich im Bereich der Philosophie, der Wissenschaft, der Kunst oder der Literatur hauptsächlich der Definition und Umsetzung eines öffentlichen Kulturmodell, das sowohl weltlich als auch moralisch gesehen exemplarisch war und von den Werten des Klassizismus gestützt wurde.

Die gesamte Philosophie der Aufklärung basiert auf der deren Kulturkritik und reicht von der historistischen Philosophie der Romantik, die den Ursprung der Kultur in Frage stellt und diese von den im Absolutismus vorherrschenden Werten und Vorstellungen befreien wollte, bis in eine Zeit, in der die klassische Ästhetik und die Archäologie auf das Wiederfinden einer ursprünglichen, authentischen und universalen Quelle hoffen ließen. Herder und die ersten deutschen Romantiker äußerten wiederum ihre Position in der Kritik dieser Philosophie, ihren Unzulänglichkeiten, ihres metaphysischen Charakters, ihrer falschen Allgemeingültigkeit, dem Verbergen der historischen Wahrheit sowie der Ignoranz der natürlichen Ursprünge der Kultur und der überlegenen Gründe vom Blut und von der Abstammung, die die Gesellschaft und die Nation ausmachen.

Die letzten beiden Jahrzehnte des 18. Jahrhunderts und das erste Jahrzehnt des 19. Jahrhunderts legten in einem Prozess, der gleichzeitig von der Französischen Revolution sowie von den kriegerischen Auseinandersetzungen im Jahre 1808 geprägt war und der sich in Spanien nach der Wiedereinführung der Monarchie mit Ferdinand VII. im liberalen Exil versteckt fortsetzte, die Grundsteine für die erste national gültige Ästhetik und Historiographie. Persönlichkeiten wie Bosarte, Jovellanos oder Ceán stehen für kritische Haltungen, die mit den bedeutenden deutschen Persönlichkeiten wie Herder, dem jungen Goethe oder den Brüdern Karl Wilhelm Friedrich und August Wilhelm Schlegel gleichgestellt werden können. Sie alle hatten unterschiedliche Einflüsse auf einen bedeutenden historischen Zeitraum der von der Krise des illustrierten Despotismus bis hin zu den ersten liberalen und gleichermaßen unsicheren wie geplagten Gesellschaften im zweiten Drittel des 19. Jahrhunderts andauert.

In gewisser Hinsicht können diese Gesellschaften *mutatis mutandis* bezeichnet werden, denn die Unterschiede sind genauso bemerkenswert wie die Gemeinsamkeiten. Die spanischen Vertreter einer dem deutschen *Sturm und Drang* vergleichbaren Bewegung haben ein kritisches und theoretisches Werk entwickelt, mit dem Ziel, der klassischen

Archäologie ihren exklusiven Wert abzusprechen, die Vorherrschaft und Allgemeingültigkeit des vitruvianischen Modells zu hinterfragen und wie Herder den einzigartigen und andersartigen Charakter der nationalen Kulturen zu unterstreichen. Isidoro Bosarte beispielsweise verteidigte die alten Griechen gegen die Römer oder die Ursprünglichkeit der Ägypter. Des Weiteren versuchten jene, die nationale Archäologie zu fördern, so wie es Bosarte in *Viaje anticuario* oder Ceán en *Sumario de las Antigüedades romanas en España* taten. Ebenfalls ließen sie auch die Geschichte des Mittelalters und die vorklassische Kunst mit Hilfe des Werkes *Antigüedades árabes de Córdoba y Granada* (1800) oder das christliche Mittelalter wie Hermosilla, Llaguno und Jovellanos Revue passieren. Nicht zuletzt forderten sie das oft verdammte barocke *Siglo de Oro* zurück, was gleichzeitig eines der theoretischen Ziele von Schlegel in Deutschland war. Die letzten Jahrzehnte des 18. Jahrhunderts stellten hierfür den ersten und entscheidenden historischen Schritt dar.

Die spanische Gesellschaft in der Phase des illustrierten Despotismus erlebte ähnlich wie die deutsche angesichts der napoleonischen Besatzung und der durch die Restauration des Absolutismus bedingten wichtigen gesellschaftlichen, ideologischen und kulturellen Rückschritte mehrere Umschwünge. Aufgrund dieser ist der von der spanischen nationalen Kultur und der Geschichtsphilosophie um die Jahrhundertwende verfolgte Weg von einer schweren Kluft, einer schillernden oder unterirdischen Existenz sowie einer schwierigen Fortdauer im Exil geprägt. Oder sie lag in den Händen der Reisenden der Romantik, die die Werke der Denker des späten 18. Jahrhunderts angesichts der Erlebnisse und der nationalen Ästhetiken in ihrer jeweiligen Heimat wieder ans Licht brachten.

Die Objekte der Wertschätzung, ihre Kenntnis und ihre künstlerische und literarische Nachahmung wurden – dank der Bemühungen der ersten Generation der liberalen Romantik in Spanien ab 1833 – „nationalisiert" oder besser gesagt eingebürgert. Nur mit wenigen Ausnahmen finden sich darunter Denker, die dieser Generation radikale Eigenschaften verliehen. Im Allgemeinen finden sich diese in ein sehr spanisches Denkmodell eingerahmt, das unter der Bezeichnung *Doktrinarismus* bekannt ist. Dieser stellt die spanische Variante der politischen Philosophie Frankreichs der Französischen Julirevolution vom Juli 1830, dem Eklektizismus des *Juste Milieu* (dt. „richtige Mitte"), dar. Die bittere Lektion des Exils, die Unzufriedenheit mit ihrer spanischen Gegenwart, die verallgemeinerte Kritik der revolutionären Ausschreitungen all dies führte zur Befürwortung eines konterrevolutionären Liberalismus.

Die Revolution war für die wahrhaftige „Seele der Nation" – ein auf Heinrich Heine zurückgehendes Konzept, das großen Einfluss auf die spanischsprachige Welt hatte und hat – zu einer befremdliche Realität geworden. Die einst liberalen Vertreter der Romantik sahen sich nun veranlasst, sich mit den natürlichen Grundsätzen einer authentischen Gesellschaft sowie mit den besonderen Grundlagen von Nation und Kultur auseinanderzusetzen. Dies waren die Umstände, unter denen zum Beispiel die spanische Archäologie der Romantik entstand.

Sie steht für die während der Romantik angestellten Nachforschungen über die nationale Identität, eine Anstrengung, die gleichzeitig epistemologischer, ästhetischer, geistiger und politischer Art ist. Die außergewöhnlichen Schwierigkeiten des liberalen Staates, die Schicksalsschläge des Bürgerkrieges und das Bedürfnis, eine durch die große Agonie des *Ancien Régime* zerrissene Gesellschaft zusammenzuhalten, beeinflussten deren Intensität und veranschaulichten die neuen nationalen Werte eines gemäßigten Liberalismus. Von *Recuerdos y Bellezas de España* von F. J. Parcerisa y Pablo Piferrer, an der beinahe alle bedeutenden Historiker, Künstler und Ideologen des romantischen Historismus mitwirkten, bis hin zum späten *Museo Español de Antigüedades* von Rada y Delgado und nicht zuletzt bis zu dem beeindruckenden Kulturgut der romantischen Zeitschriften, all' diese stellen das Gründungswerk eines modernen historiographischen Bildes der spanischen Kultur und den Höhepunkt der patriotischen Werke der Spätaufklärer dar.

REFORMAS URBANÍSTICAS DE FINALES DEL SIGLO XIX Y COMIENZOS DEL SIGLO XX: ESPAÑA – ALEMANIA

HAROLD HAMMER-SCHENK

La reforma del urbanismo en Alemania a partir de 1890 solo se puede entender como reacción a la enorme influencia que venía ejerciendo las medidas urbanísticas practicadas en París alrededor de 1855. Allí, en la ciudad histórica, se implantaron los instrumentos para la creación de una gran ciudad, majestuosa e imperial. Éstos estaban constituidos por anchas calles en diagonal, por plazas redondas, en forma de estrella y de abanico. Todas ellas estaban abocadas a la apertura de una red viaria, a la creación de edificios comerciales y de vivienda así como a proporcionar los ejes de visión necesarios hacia las plazas y, desde las mismas, hacia los monumentales edificios públicos. La Ópera de Garnier constituye el ejemplo más representativo al respecto.

Tanto en la apertura de las ciudades históricas así como en la creación de nuevos ensanches, en Alemania estos instrumentos fueron puestos en práctica de forma muy diversificada. Desde el punto de vista teórico, los mismos se encontraban fundados y recopilados en la obra de Reinhard Baumeister "Stadterweiterungen in technischer, baupolizeilicher und wirtschaftlicher Beziehung" (1876). El plan de ensanche para Berlín de James Hobrecht de 1862 y el ensanche de Colonia a través de uno de los más destacados representantes de ese sistema, Joseph Stübben, a partir de 1881 constituyen los ejemplos más característicos.

La publicación del libro de Camillo Sitte "Der Städte-Bau nach seinen künstlerischen Grundsätzen" en 1889 en Viena constituye un verdadero desafío a los presupuestos expuestos por Baumeister y Stübben. Frente a éstos, Sitte propone y propaga en su obra calles sinuosas con una anchura de diferentes dimensiones, plazas irregulares exigiendo a la vez el trazado de calles a partir de antiguas alineaciones y a lo largo de la delimitación de los antiguos solares. También en la construcción de edificios reclamaba algo pintoresco, artístico, en definitiva, la imagen urbana de una ciudad con una estructura de pequeñas parcelas. Karl Henrici alcanzó un enorme éxito con la puesta en práctica de los principios de Sitte en su proyecto de los planes de ensanche para la ciudad de Munich de 1893. En consecuencia, esas ideas encontraron en Alemania una enorme acogida. Tanto la gran exposición internacional de urbanismo, celebrada en Berlín en 1910, como también el plan para la configuración de un Gran Berlín (Groß-Berlin) del mismo año son un reflejo de las ideas expuestas por Sitte.

Así como el ejemplo de París dominó, en un principio, la planificación urbanística alemana, del mismo modo el modelo de planificación desarrollado en Barcelona ejerció una enorme influencia en España durante varias décadas. Aquí el ingeniero Ildefonso Cerdá proyectaría desde 1854 un plano en forma de cuadrícula, atravesado por unas pocas diagonales reservadas a calles y a líneas ferroviarias, de gran extensión y en bloques de edificación de dimensiones casi similares. Este plano representaba en sí una reforma. Los bloques de vivienda ofrecían a sus inquilinos las mismas condiciones y, en un principio, solo deberían cerrarse en dos o tres de sus lados. En este gran esquema de calles en forma de cuadrícula no se concebían jerarquías urbanísticas, como, por ejemplo, barrios gubernamentales, para empresas, villas o barrios de obreros, resaltados urbanísticamente a través de la forma de las calles o de las plazas. En su fase de realización, a partir de 1860, estas condiciones fueron sometidas a las prerrogativas impuestas por los propietarios. El proyecto de planificación desarrollado por el arquitecto Rovira presentaba una ampliación partiendo del modelo parisino. Sin embargo, el gobierno central español se decidió por la idea de planificación desarrollada por Cerdá.

En muchas ciudades españolas, incluso en Madrid, el tipo de ensanche propuesto por Cerdá para Barcelona se convirtió en casi un modelo standard a seguir. Sólo en muy pocas ciudades, como por ejemplo Bilbao, este tipo de esquema en cuadrícula se intentó romper intercalando en él un repertorio de formas provenientes del modelo impuesto en París.

Uno de los más importantes arquitectos del Movimiento Moderno europeo, Otto Wagner, dio en cierto sentido razón a Cerdá al recurrir, en sus proyectos de ensanche para Viena de 1911, al modelo propuesto por el ingeniero español, aunque con algunas modificaciones.

A partir de 1892 en España se buscaron y se encontraron nuevos incentivos en la Ciudad Lineal –una especie de ciudad jardín con gran variedad en la disposición y alineación de las calles. Sin embargo, con este modelo alternativo a la gran ciudad no se llegó a resolver los problemas planteados con la apertura de las ciudades históricas y con las grandes extensiones de los ensanches.

DIE GEBURT DES ZEITGENÖSSISCHEN STÄDTEBAUS IN SPANIEN UND DEUTSCHLAND: DIE BEZIEHUNGEN ZWISCHEN DEN STÄDTEBAULICHEN THEORIEN VON CERDÁ, BAUMEISTER UND STÜBBEN

RICARDO ANGUITA CANTERO

In der zweiten Hälfte des 19. Jahrhunderts, als Folge der Industrialisierung, und der damit einhergehenden wachsenden Unordnung in den europäischen Städten wurde eine Analyse der Gründe notwendig, die für das Übel verantwortlich waren, in dem die neu entstandene Gesellschaft lebte. Des Weiteren wurde die Suche nach technischen Lösungen fortgesetzt, die Abhilfe bei den dringenden Problemen der Verdichtung des Wohnraumes und der Stagnation, in der sich viele städtische Strukturen befanden, schaffen sollten.

In der Anfangsphase der modernen Stadt etablierte sich eine neue Disziplin. Ihr Ziel bestand darin, neue Instrumente zu schaffen, mit deren Hilfe eine Verbesserung derjenigen Probleme erreicht werden sollte, die sowohl durch das demografische Wachstum als auch durch die daraus resultierenden besorgniserregenden Hygiene- und Verkehrsbedingungen verursacht wurden. Der Prozess zur Entstehung der modernen Stadt sollte somit auf rationale Parameter zurückgeführt werden, so dass das Leben der Menschen angenehm und gesund gestaltet werden konnte. Vor diesem Hintergrund entsteht der Städtebau oder die *Urbanización* – wie sie ihr Vorreiter, der spanische Ingenieur und Autor des *Plan de Ensanche y Reforma de Barcelona de 1859* Ildefonso Cerdá (1815-1876) nannte – als administrative und „höchst soziale" Disziplin, die „si no es ya, llegará a ser bien pronto una verdadera ciencia". Ihr Ziel beschrieb er wie folgt: „el conjunto de principios, doctrinas y reglas, que deben aplicarse para que la edificación y su agrupamiento, lejos de comprimir, desvirtuar y corromper las facultades físicas, morales e intelectuales del hombre social, sirvan para fomentar su desarrollo y vigor y para acrecentar el bienestar individual, cuya suma forma la felicidad pública".

Neben Cerdá können Reinhard Baumeister (1838-1917) und Joseph Stübben (1845-1936) als die Gründer dieser neuen Disziplin benannt werden. Als Angehörige einer späteren Generation waren sie außerdem die ersten im Europa der Jahrhundertwende gewesen, die dank ihrer Abhandlungen zu deren Konsolidierung und Verbreitung beitrugen. Ihre Verteidigung des Städtebaus durch Vorschläge, die auf statistischen Analysen der Bevölkerung und des demografischen Wachstums, auf Studien zur Hygiene und zur Wohnungsnachfrage sowie auf der Bauaktivität oder dem Verkehrsvolumen basierten, zeigt uns die Nähe zu den Gedanken Cerdás.

Aber es war der Ingenieur aus Barcelona, Ildefonso Cerdá, der als erster Theoretiker vorgab, eine neue Disziplin herauszubilden, der sich bisher noch niemand gewidmet hatte, wie er selbst erstaunt feststellte: „¿Cuál, empero, sería mi sorpresa al encontrar que nada, absolutamente nada se había escrito acerca de este asunto de tanta magnitud y trascendencia?, (…) y que sin embargo de ser la de mayor importancia de todas cuantas puedan surgir en el seno de las sociedades, ha sido hasta aquí mirada con la más completa indiferencia y abandono". So erstellte er eine kritische Analyse zur Entwicklung der Strukturen von Städten und eine umfangreiche Auswertung über die städtebaulichen Probleme und entsprechende Lösungen. Cerdá war sich der tief greifenden technologischen und sozialen Wandlungen seiner Zeit bewusst. Er zeigte sich besorgt über die Schäden, die die Entwicklung der neuen Zivilisation innerhalb einer alten und überholten Stadtstruktur verursachte, die zudem unfähig war, zufrieden stellend auf die Bedürfnisse und Forderungen der neuen Lebensumstände, d.h. der Industriegesellschaft zu reagieren.

Cerdá machte die Stadt und ihre Struktur zum Gegenstand seiner Studien und zwar auf so detaillierte Weise, dass seinem musternden Auge keine Betrachtungsperspektive entging, d.h. von der historischen zur wirtschaftlichen, über die soziale, politische bis hin zur juristischen. Es handelt sich also um eine globale Vision mit einem technisch-humanistischen Profil, welches ihn daran hinderte, die bedauerlichen Umstände, in denen sich das städtische Leben entwickelte, zu akzeptieren und an deren Fortbestehen festzuhalten. Deshalb verurteilte er öffentlich die hygienischen Zustände auf den städtischen und in den Privaträumen, besonders bei der Arbeiterklasse. Dabei bezog er sich auf die Statistik zur Sterblichkeit und stellte Beziehungen zwischen Epidemien und den gesundheitsschädigenden Konditionen urbaner Räume her. Er untersuchte die durch Transportmittel beeinflusste Entwicklung in der Geschichte, d.h. von den traditionellen Fußwegen und dem Antrieb durch Tiere bis hin zu den tief greifenden Veränderungen, die der in seiner Zeit entwickelte Dampfmaschine darstellte. Er schlussfolgerte daraus, dass jede neue Art der Fortbewegung auch eine neue Form des Städtebaus nach sich ziehen würde. In diesem Sinne sprach Cerdá sogar von einem „traumatischen" Effekt, den der Einsatz des Zuges bis hin zu Eisenbahnstationen auf die Stadtstruktur ausgeübt hatte. Er ahnte schon, welche weit reichenden Auswirkungen diese Prozesse haben sollten. Dabei suchte er nach einer neuen Form des Städtebaus, bei der die Zusammenkunft von traditionellen und modernen Fortbewegungsmitteln möglich wäre und zugleich ein gutes Verkehrsnetz darstellte. Dadurch wurden einer Gesellschaft, deren wesentliche Merkmale Bewegung und Kommunikation waren, neue Wege eröffnet.

Cerdá analysierte verschiedene Stadtstrukturen, die in der Geschichte vom Menschen entwickelt wurden, um Städten eine Form zu geben. Bei seinen Analysen kam er zu dem Schluss, dass die orthogonale Stadtstruktur die wichtigste überhaupt sei, um den Herausforderungen des städtischen Verkehrs und den Bedingungen für Gebäude gerecht zu werden: „el sistema cuadricular tiene la inestimable ventaja de no crear odiosas preferencias artificiales para ninguna de las calles, distribuyendo con entera igualdad y perfecta justicia entre todas ellas y entre todas las manzanas que las limitan, los beneficios de la vialidad y de la edificación". Nichtsdestotrotz erlaubt er diagonale Wege, mit dem Ziel, die Beweglichkeit innerhalb dieses Netzes zu vereinfachen. Er betrachtete die Straßen in Form einer Netzstruktur: „las calles o vías urbanas (...) en su conjunto forman un todo combinado sin solución de continuidad, y (...) por la reciprocidad de sus enlaces, constituyen un verdadero sistema o red viaria". Er untersuchte auch verschiedene Typen (radial, orthogonal und gemischt). Demnach widmete er sich der Theorie und der Entwicklung sowohl von Straßen als auch von *intervías*, — ein Neologismus, den er angemessener als die traditionellen Häuserblöcke in Bezug auf die in der Stadt gebildeten Räume empfand.

Resultat dieser analytischen Fähigkeit war die Erstellung eines großartigen theoretischen Werkes. Dieses ist bis heute fast unbekannt geblieben, da ein Großteil davon in Manuskripten enthalten war, die bis zu ihrer Entdeckung vor zwei Jahrzehnten im *Archivo General de la Administración (Madrid)* nicht der Fachöffentlichkeit zugänglich waren. Bis dahin war sein einziges publiziertes Werk – neben Artikeln, die in Fachzeitschriften und anderen kleineren Organen erschienen waren – seine Schrift *Teoría general de la urbanización y aplicación de sus principios y doctrinas a la reforma y ensanche de Barcelona* (1867). Sein Erscheinungsdatum machte es zum Pionierwerk der neuen Disziplin. Dazu gesellen sich zwei Publikationen neueren Datums: *Teoría de la construcción de las ciudades* und *Teoría de la viabilidad urbana y reforma de la de Madrid* (1991). Diese sind von großer Bedeutung um das frühe Denken Cerdás zum Thema Städtebau in seinem vollen Umfang zu verstehen.

Das Werk von Cerdá, wie später das von Baumeister und Stübben, reflektiert in seiner Gesamtheit das Vertrauen in die Fähigkeiten des Städtebaus, eine neue technische Ordnung in den Entstehungsprozess der modernen Stadt zu bringen. Diese basiert auf der Schaffung angemessener städtebaulicher Instrumente (Erweiterungspläne), administrativer Kontrolle beim Bau (Gebäudeordnung), der Analyse der wirtschaftlichen Aspekte des Städtebaus und der Einführung neuer Infrastrukturnetze – alles Aspekte, denen sich seine theoretischen Überlegungen widmeten.

Cerdá teilt mit den beiden deutschen Autoren den Pragmatismus seiner Ideen, der ihn dazu brachte, einige seiner Vorschläge so zu ändern, damit sie dem öffentlichen Interesse entsprachen. Letzteres verteidigte er immer mit großer Überzeugung gegen dasjenige des privaten Eigentums. Diese Interessen konnten nicht – wie dies der Fall in den Anfangszeiten der modernen Stadt war – am Rande der öffentlichen Kontrolle bleiben. Es war Aufgabe der städtischen Verwaltung, die Spielregeln festzulegen, sowohl mittels der beginnenden städtebaulichen Planung als auch mittels bereits vorhandener Bauverordnungen. Die Baupläne und die Bauverordnungen bildeten die öffentlichen Instrumente, die zwischen dem privaten Eigentum und den Interessen der Gemeinschaft bis hin zu einer geordneten Stadtentwicklung vermitteln sollten. Die Sätze von Baumeister „ninguna libertad sin orden" und „buenos planes, apropiados principios para proteger el interés público, libre desarrollo, por otra parte, de las fuerzas y deseos privados: por este camino podemos esperar que la expansión de una ciudad se produzca con más éxito que hasta ahora" hätten von Cerdá ohne Änderung übernommen werden können. Was den spanischen Städteplaner am meisten von den deutschen unterscheidet ist aber die Art, wie er sein Werk gestaltet: Während der Spanier es aus theoretisch-wissenschaftlicher Sicht schreibt, gehen die Deutschen etwas pragmatischer an die Sache heran.

Reinhard Baumeister war für verschiedene Stadtverwaltungen und für den deutschen Staat tätig. Er lehrte an der Technischen Hochschule in Karlsruhe, erstellte Pläne für verschiedene Städte des Landes Baden und war aktives Mitglied in Fachverbänden, zum Beispiel im Verband deutscher Architekten- und Ingenieurvereine zur Zeit der Etablierung der neuen Disziplin des Städtebaus. Zu seiner herausragenden theoretischen Arbeit gehören Texte wie *Architektonische Formenlehre für Ingenieure* (1866) und vor allem *Stadterweiterungen in technischer, baupolizeilicher und wirtschaftlicher Beziehung* (1876), die als erstes Handbuch zum Thema Städtebau betrachtet werden kann. Dank seiner klaren Erläuterungen erfuhr dieses Werk eine starke Verbreitung. Mit Cerdá teilte Baumeister die Sorge hinsichtlich der Verkehrs- und Wohnsituation in den zunehmend industrialisierten Städten und ihrer Regulierung. Oberste Ziele der Pläne zur Stadterweiterung waren demnach die Errichtung neuer Wohnmöglichkeiten und die Lösung des Verkehrproblems. Er wies auch darauf hin, dass das Bevölkerungswachstum für die neuen Probleme der modernen Großstadt verantwortlich sei und beobachtete intensiv ihre vorherrschende Rolle als Handelszentren. Wie Cerdá untersuchte Baumeister die Wohnungsfrage und das Problem des Wohnraummangels angesichts einer wachsenden Bevölkerung. Dies führte ihn zu Überlegungen zur Entwicklung von Wohnungstypen und auch dazu, dass der gemietete Wohnraum städtebauliche Priorität genießen sollte. Diese Tatsache untermauerte er mit statistischen Daten aus Berlin. Genauso wie Cerdá war Baumeister von der Beziehung zwischen bewohntem Raum und Sterblichkeit überzeugt und erlaubte kollektive Wohnblöcke nur für den Fall, dass sie nicht mehr als vier Stockwerke hoch wären. Scharfsinn bewies Baumeister auch bei der Offenlegung der Immobilienspekulation. Hier lenkte er die Aufmerksamkeit auf die Tatsache, wonach die zunehmende Erhöhung des Grundstückswertes mehr als Ergebnis denn als Grund für die erlaubte Stockwerkhöhe, die auf den Grundstücken gebaut werden konnte, anzusehen wäre.

Obwohl Cerdá sowie die deutschen Stadtplaner den Städtebau als eine weit umfassende Ordnung auffassten, die die Probleme des demographischen Wachstums zu lösen vermochte, blieb in der Theorie Cerdá ein wesentlicher Aspekt unbeachtet. Dieser reifte in den Gedanken Baumeisters und wurde nachher von Stübben weiterentwickelt. Gemeint ist damit die Aufteilung der Städte in Zonen. Dieser Aspekt gewann in dem europäischen Städtebau des 20. Jahrhunderts an großer Bedeutung. Cerdá verteilte beispielsweise die Einrichtungen der Stadt relativ gleichmäßig im Netz seiner Erweiterung von Barcelona. Das kann ohne Frage auf seine fortschrittliche Denkweise zurückgeführt werden. Im Gegensatz dazu teilten Baumeister und Stübben innerhalb ihres städtebaulichen Konzepts jedem Stadtteil eine Funktion zu (Handelszentrum, Industriegebiet und vorstädtische Wohngebiete). Dabei erstellten sie in einem konzentrischen im Gegensatz zu einem einfach zentrumsorientierten Entwurf ein charakteristisches Modell der Industriestadt. Der Städtebau verwandelte sich somit in einen Garanten für den Prozess des städtischen Wachstums.

Ganz ähnlich wurde die Stadtmauer in den Plänen des spanischen und der deutschen Städteplaner bewertet. Sie wurde Hindernis sowohl für die Stadtentwicklung als auch für die Verbindung zwischen der Altstadt und der Stadterweiterung betrachtet. Während Cerdá dem historischen

Charakter der Stadtmauer keinerlei Beachtung schenkte, unterschied Baumeister zwischen einer neueren bzw. einer seit dem 18. Jahrhundert entstandenen und der historischen Stadtmauer, von der er Teile in seine Planungen mit einbezog. Ihre vollständige Erhaltung zog er jedoch nicht in Erwägung. Durch den Abriss der Stadtbefestigung und durch den damit geschaffenen Freiraum war der Bau einer Straße um den historischen Stadtkern herum möglich, die als Übergang zu der Stadterweiterung diente. Dies setzte Cerdá mit den Ringstraßen um, die er in seinem Projekt für die Erweiterung und Umgestaltung Barcelonas 1859 entwarf. Hinsichtlich der Verankerung einer verbindlichen Fassadengestaltung in der Bauordnung stimmten Cerdá, Baumeister und Stübben weitgehend überein. Demnach wiesen sie Normen auf Grund mangelnder Objektivität ab. Baumeister äußerte sich dazu wie folgt: „Ästhetische Normen müssen abgeschafft werden". In Bezug auf die Höhe der Gebäude und die Breite der Straßen war es ihnen wichtig, ein gutes Raumklima in den Zimmern durch angemessene Sonneneinstrahlung zu gewährleisten. Sie stimmten in der Ansicht überein, dass die Häuser so hoch, wie die Straße breit ist, sein sollten.

Joseph Stübben arbeitete sowohl für staatliche als auch kommunale Verwaltungen. Zu Beginn seiner beruflichen Laufbahn war er Architekt bei der Stadtverwaltung in Aachen (1876-1881) und ab 1881 Baurat in Köln, wo er dann Stadtrat wurde. Zwischen 1904 und 1920 arbeitete er im Staatsdienst und beaufsichtigte die Berliner Stadtplanung. Vor allem aber stand seine Tätigkeit als Stadtplaner im Vordergrund. Im Laufe seiner beruflichen Karriere realisierte er mehr als dreißig Projekte sowohl in Deutschland als auch im Ausland. Hervorzuheben ist dabei sein Wirken an der Erweiterung Kölns 1881. Er bekam den ersten Preis bei dem Wettbewerb zum „Generalregulierungsplan für Groß-Wien" von 1892-1893 (gemeinsam mit Otto Wagner) und nahm unter anderem an Wettbewerben in Antwerpen, Basel, Brüssel, Lyon, Madrid, Warschau und Bilbao teil. Eine seiner wichtigsten theoretischen Arbeiten ist *Der Städtebau. Handbuch der Architektur* (1890). Diese Arbeit übertrifft in vielerlei Hinsicht diejenige von Baumeister.

Stübben stimmte mit Cerdá und Baumeister in den wesentlichen Aspekten der neuen Disziplin des Städtebaus überein, erweiterte sie aber um die Aspekte der Wohn- und Verkehrssituation betreffend. Ähnlich wie Cerdá zeigte er sich bezüglich des Verkehrs in der Stadt besorgt. Er analysierte die städtischen Transportmittel, die zu seiner Zeit wesentlich weiter als vierzig Jahre zuvor entwickelt waren und klassifizierte sie unter Berücksichtigung ihrer technischen Eigenschaften (Bahn zwischen zwei Städten, U-Bahn, Straßenbahn) und ihrer Strecken (radial, peripher, in ganzen Netzen). Obwohl er die Monotonie des Rastersystems erkannte, wandte er sich dem Entwurf von Rastern zu. Trotz der Kritik, die seine Arbeit durch Camillo Sitte erfuhr, wies diese Gemeinsamkeiten mit der von Sitte auf. Beide forderten einen retrospektiven Blick auf die alten Plätze und die Schönheit der mittelalterlichen Straßen. Er empfahl zum Beispiel, Kurven anzulegen, um ästhetische Effekte zu erreichen.

Abschließend wird die Modernität der städtebaulichen Ansätze bei den Pionieren des Städtebaus hervorgehoben, zumal hierbei sowohl die soziale Funktion dieser neuen Disziplin als auch die Verantwortung, die die Eigentümer bei der Planungsausführung tragen, klar betont wird.

LA "MODERNA CONSTRUCCIÓN EN LADRILLOS" DE SCHINKEL A JAREÑO

SEBASTIAN REDECKE

Mercedes-Benz, que hasta hace poco era el patrocinador principal de la fachada de exposición que promueve la reconstrucción de la Academia de Arquitectura de Berlín de Karl Friedrich Schinkel en el Werdersche Markt, anunció el 1 de agosto de 2007 la finalización de su apoyo. La empresa había acompañado desde el comienzo el proyecto de reconstrucción iniciado por la asociación *Internationale Bauakademie Berlin* (IBB) (Academia Internacional de Arquitectura de Berlín), a la que pertenecen una serie de importantes arquitectos berlineses. Sus paneles publicitarios han desaparecido de la fachada ficticia. El nuevo patrocinador es Vattenfall, un consorcio energético que desea mejorar su mala imagen.

Es importante reflexionar sobre las posibilidades que ofrece la reconstrucción dado que en este caso concreto se trata de uno de los más importantes edificios en ladrillo visto construidos a principios del siglo XIX, cuya importancia rebasa incluso las fronteras nacionales. Hoy en día sería ésta una tarea imposible de llevar a cabo sin la financiación de las grandes empresas que, por supuesto, persiguen intereses propios al apoyar iniciativas como ésta. Fuertemente dañado durante los bombardeos de 1945, el edificio de la Academia de Arquitectura de Berlín fue demolido en 1962 tras una resolución del gobierno de la antigua República Democrática Alemana, a pesar de las promesas que inicialmente hiciera Walter Ulbricht. Entretanto, se calcula que pasarán más de diez años hasta que esta obra de Schinkel vuelva a erigirse en su emplazamiento original, en el mismo corazón de la ciudad. Y ello a pesar de tratarse de una reconstrucción mucho más previsible que la del Palacio Real de Berlín (Berliner Stadtschloss), cuya reconstrucción ha sido impuesta políticamente por el Parlamento alemán.

El interés de la opinión pública por la reconstrucción original de esta obra de Schinkel, que costará alrededor de 25 millones de euros, sigue siendo importante. Pero lo más decisivo, no solo desde mi punto de vista, es que también los expertos se muestran inclinados por esta reconstrucción, a diferencia de la del Palacio Real de Berlín, que se ubicaría al lado del edificio de la Academia. Tanto para arquitectos como para historiadores, esta obra, así como también otros proyectos y edificios de Schinkel de la misma época como, por ejemplo, el edificio Feilnerhaus en Berlin-Mitte, destruido durante la Guerra, constituyen una especie de "base", uno de los fundamentos de la arquitectura moderna. Por esta razón, la "moderna construcción en ladrillo visto" de principios del siglo XIX está unida de forma inseparable a Schinkel y a su Academia de Arquitectura, construida entre 1831-1836. En este caso, vale la pena dedicar la atención a este punto, puesto que aquí se encuentran las bases de las posteriores construcciones con este material, más allá de las propias fronteras nacionales.

La construcción de este bloque cúbico de Schinkel, erigido a partir del año 1832 al lado del Palacio Real, fue emblemática. Una vez finalizada, fue considerada como la "piedra angular de la arquitectura urbana de Berlín". En su libro sobre esta obra arquitectónica, Harald Bodenschatz dice incluso que se trata de la cara opuesta del Palacio Real, de unas características muy diferentes. Para Schinkel se trataba del primer ejemplo de arquitectura civil en Prusia realizada en ladrillo visto. En consecuencia, es una obra determinante desde numerosos puntos de vista.

Para Christine Wolf esta obra no solo muestra en qué material ha sido realizada, sino también cuál fue su idea de origen. Este edificio no aparenta nada. Muy unido a ello se encuentra la necesidad que sentía Schinkel de realizar una construcción meticulosa: Ningún enlucido puede ocultar los posibles errores en la construcción del muro. Se trata en este caso de una especie de "vestido" realizado con el material de construcción, los propios ladrillos. Este tipo de edificación, podríamos decir "en bruto", realzó automáticamente el valor de su calidad artesanal. Pero, lo fascinante en este caso no sólo es el tema de la integridad, la claridad y lo serial, temas que aparecen en una amplia gama de edificios de funciones y usos muy diferentes. Lo admirable en este caso es también la acentuación de la construcción mediante estructuras logradas a través de la exposición del material, en el que ningún elemento carece de finalidad –esa era realmente la premisa de la que partía Schinkel.

Cabe preguntarse por qué esta obra desde su edificación adquirió una importancia semejante, teniendo en cuenta que desde el gótico báltico ya existía una larga tradición en materia de construcción en ladrillo visto en Brandenburgo y en todo el norte de Alemania, desde Lübeck hasta Prenzlau. Si se observa detalladamente, la explicación es muy sencilla. Independientemente de la alta calidad de este material, Schinkel desarrolló justamente esos módulos básicos, fácilmente adaptables y tan importantes para los arquitectos, convirtiéndose en un verdadero hito para todo lo que vino después. Nos referimos a las incontables escuelas municipales, fábricas, estaciones de ferrocarril, iglesias, hospitales o cuarteles, todos de ladrillo. También en Berlín se construyó una gran cantidad de estos edificios. Uno de los ejemplos más sobresalientes es el denominado "Rotes Rathaus" (edificio del Ayuntamiento de Berlín) de Herrmann Friedrich Waesemann, construido entre los años 1861-1869. Independientemente del ordenamiento básico de las fachadas, aquí el ladrillo se ve degradado a un simple elemento decorativo sin tener una finalidad puramente estructural. Desde finales del siglo xix y principios del siglo xx, allí donde no se requería un edificio con fines meramente representativos, el programa decorativo fue reduciéndose progresivamente. También las piezas de terracota con detalles artísticos, que otorgaban una gran plasticidad a las fachadas, fueron desapareciendo paulatinamente. La decoración se reducía, por ejemplo, a frisos dentados o a hiladas de piedras o ladrillos puestos de canto. Las fachadas en sí permanecían planas.

Para comprender el orden estructural de la fachada de Schinkel desde la perspectiva actual, me permito citar el llamamiento que Hans Kollhoff, el arquitecto berlinés que desde un principio ha puesto todo su empeño en la reconstrucción de la Academia de Arquitectura, hace a los comitentes:

> *"Permítanse el lujo de gastar algo más para poder convertir una mera caja comercial en una respetable obra arquitectónica, aunque a veces puedan tener la sensación de que tan solo un pequeño grupo de personas lo sepa apreciar. El poder pensar en unidades arquitectónicas en lugar de en mega-estructuras se une al intento de rescatar del anonimato al propietario permitiéndole sobresalir como persona que se identifica con la arquitectura."*

Lo importante para Kollhoff es que la concepción de la fachada de un edificio sea sencilla, pero elaborada con el mayor esmero.

Cabe preguntarse cuál es la relación con la construcción en ladrillo visto en España en el siglo xix. Schinkel viajó por toda Europa. Sobre todo en Italia y posteriormente en Inglaterra, Escocia y Flandes pudo ver edificios de estas características. Sin embargo, los edificios españoles con fachadas en este material fueron realizados aproximadamente cincuenta años después. Es entonces cuando florece este tipo de construcción en España.

Y es aquí cuando podemos establecer paralelos sorprendentes. No se trata de la construcción en sí, es decir, de los detalles técnicos que, sin duda, divergen unos de otros y exigen una observación más detallada. Se trata simplemente del diseño, de la estructuración de las fachadas. También aquí se reconoce la alta escuela de la medida y del arte de mantenerla. Se puede observar que la mayoría de los edificios presentan un ordenamiento que combina la repetición de elementos sencillos con la decoración ornamental que, consecuentemente, se pueden observar también en Schinkel. Se trata de un cierto parentesco en la forma de pensar sobre un material, que en la segunda mitad del siglo xix en España no presenta grandes limitaciones en cuanto a su diseño. Esta especial flexibilidad, en el sentido estético y estilístico, muestra también aquí la extraordinaria riqueza en materia de variaciones que posee la construcción en ladrillo, un material verdaderamente universal, un producto muy simple con unas dimensiones ya establecidas y predeterminadas desde su fabricación. El material de construcción es lo que tienen en común, aunque en España existen tradiciones específicas que se ven plasmadas en las obras arquitectónicas cuando se observa el juego entre la construcción, la composición de la fachada y los elementos decorativos.

Para poder describir referencias más detalladamente se necesita realizar una investigación más amplia que permita establecer más claramente esas relaciones. A finales del siglo xix se conocían ya determinadas publicaciones que eran objeto de estudio. También se puede constatar que en 1875 en Barcelona se publicó en castellano el libro de August Ferdinand Fleischinger bajo el titulo "La arquitectura de ladrillos de edificios berlineses". Por lo tanto, los arquitectos tenían un manual al que atenerse. Sin embargo, es necesario hacer un análisis más detallado para lograr que, con las referencias que se encuentran en algunas de las fachadas, se pueda llegar a resultados satisfactorios. Si queremos hacer más comparaciones, podemos decir que, en general, en la fachadas de edificios españoles hay mucho más recarga ornamental. Las causas de ello están al alcance de las manos y se fundamentan en la historia del arte español con un mundo propio de formas y con influencias muy diferentes. Como ejemplos dignos de una observación más detallada cabe mencionar el Hospital del Niño Jesús de Francisco Jareño y Alarcón (1879-1885), el Palacio Nacional de las Artes y las Industrias de Fernando de la Torriente y Emilio Boix (1881-1887) y las Escuelas Aguirre de Emilio Rodríguez Ayuso (1884-1886), todos ellos en Madrid, así como también otros edificios más modestos, como el Palacete de Osma de Enrique Fort y Guyenet (1889-1893), también ubicado en Madrid. En Barcelona se puede mencionar el Restaurante del Parque de Domenech y Montaner (1888). La construcción en ladrillo visto también sigue teniendo en España un valor muy importante como lo demuestran, por ejemplo, los edificios de Rafael Moneo y de los arquitectos Cruz y Ortiz. Como ejemplo podríamos mencionar el famoso Museo de Mérida de Moneo. Pero la base siguen siendo la historia de la Arquitectura, la antigua y la construcción en ladrillo visto de principios del siglo XIX teniendo como prototipo la fachada de la Academia de Arquitectura de Karl Friedrich Schinkel.

STADT UND LITERATUR:
LA REGENTA UND EFFI BRIEST

JUAN CALATRAVA

Nur zehn Jahre trennen die Veröffentlichungen zwei der wichtigsten Romane des 19. Jahrhunderts: *La Regenta* (1884-85, dt. *Die Präsidentin*) des Spaniers Leopoldo Alas (1852-1901), besser bekannt unter dem Pseudonym „Clarín", und *Effi Briest* (1895) des Deutschen Theodor Fontane (1849-1898). Beide Werke weisen zahlreiche Gemeinsamkeiten, aber auch grundlegende Unterschiede auf. Eine vergleichende Studie kann daher zweifellos nicht nur aus streng literarischer Sicht, sondern auch, wie im vorliegenden Fall, für eine aus stadtgeschichtlichem Interesse durchgeführte spezifische Analyse nützlich sein.

Glücklicherweise wird die Präsenz der architektonischen und städtebaulichen Thematik in anderen Bereichen zeitgenössischer Kultur (Literatur, Bildende Kunst, Philosophie, etc.) für Architektur- und Stadthistoriker in der Tat zu einem zunehmend wichtigen und beachteten Studienthema. Man erkennt zunehmend den Wert und die Eigenständigkeit der Reflexionen von Schriftstellern, Künstlern oder Philosophen für das Verständnis der baulichen oder städtischen Gegebenheiten. Mittlerweile versteht man, dass uns derartige Überlegungen nicht nur konkrete Detailinformationen verschaffen können, sondern auch einen hervorragenden Raum für die Beobachtung der Beziehungen zwischen den fachlichen Eigenheiten und dem allgemeinen kulturellen Umfeld bieten, in das sie sich einfügen und aus dem man sie nicht willkürlich herauslösen kann.

In dieser Forschungslinie verfügen wir inzwischen schon über eine gewisse Anzahl von Untersuchungen (von sicherlich unterschiedlicher Qualität und Bedeutung) zur Rolle von Gebäuden, der Architektur im Allgemeinen, des städtischen Umfeldes, der räumlichen Umgebung und topographischer Referenzen in den Werken einiger großer Schriftsteller des 19. Jahrhunderts: Auf diese Weise wurde das Paris Balzacs, das London von Dickens, das Verhältnis zwischen historischer Stadt und Moderne bei Victor Hugo, die berühmten Erinnerungen an das Paris Haussmanns in den Gedichten Baudelaires oder im Zyklus der *Rougon- Macquart* von Zola, die besondere Beziehung der Wiener Schriftsteller zu ihrer Stadt während der Jahrhundertwende, die Mythisierung Granadas im Werk Ángel Ganivets, das Madrid Benito Pérez Galdós etc. untersucht. Trotzdem bleibt das Forschungsgebiet weiterhin sehr umfangreich. Es bietet zudem die Möglichkeit, wechselseitige und vergleichende Bezüge herzustellen, die ich im Folgenden präsentieren möchte.

Effi Briest und *La Regenta* weisen als Ansatzpunkt eine wesentliche Übereinstimmung auf, welche uns zu ihrer Gruppierung anregte: In beiden Werken ist das Leitmotiv ein Ehebruch, der die scheinbare Sicherheit der neuen Welt des Bürgertums im 19. Jahrhundert hinterfragt. Solch' eine Übereinstimmung ist nicht überraschend, wenn man an die Wichtigkeit dieses Themas in der Literatur des 19. Jahrhunderts denkt und daran, dass der Ehebetrug und seine Folgen ebenfalls im Zentrum von Erzählungen Flauberts (*Madame Bovary*), Tolstois (*Anna Karenina*) oder Eça de Queiroz' (*El primo Basilio*, dt. *Vetter Basilio*) stehen. Diese Thematisierung der bürgerlichen Ehe findet jedoch zumeist in einer Kleinstadt statt, die Schauplatz des Ringens zwischen alter und neuer Lebensweise ist. Bei Clarín bildet dafür die fiktive Stadt Vetusta (tatsächlich Oviedo im Norden Spaniens) den Hintergrund, Beispiel einer verschlafenen, jedoch bereits in gewissem Maße von den neuen Entwicklungen einer Industriestadt beeinflussten Kleinstadt. Im Fall Fontanes ist die Situation komplexer, da drei verschiedene Schauplätze miteinander kombiniert sind: das Geburtshaus von Hohen-Cremmen, die baltische Provinzstadt Kessin und schließlich das wilhelminische Berlin mit seiner neuen hauptstädtischen Lebensart.

Bereits im Titel wird der weibliche Protagonismus der zwei Frauengestalten offenbar: In beiden Romanen ist dieser schlicht und einfach aus dem Namen (Effi Briest) oder dem Beinamen (La Regenta) der Frau gebildet, die den Ehebruch schließlich begehen wird und die sich trotz allem, vor allem als Opfer entpuppt, als das schwächste Glied in der Kette, an dem das sensible Konstrukt der bürgerlichen Familie zerbricht. Aber es existiert auch noch eine weitere, nicht geringere Ebene: jene der Städte, in denen sich der Konflikt entfaltet und vielleicht wäre gerade das der Moment, einmal über die säkulare Tradition nachzudenken, den Städten ein weibliches Genus zuzuweisen. Die Handlung verhält sich ihrer Räumlichkeit gegenüber nicht gleichgültig. Die Ereignisse könnten sich nicht an jedem beliebigen Ort zutragen, sondern nur genau dort, wo sie stattfinden. Von Anfang an ist klar, dass die Ehebrüche von

Ana Ozores (La Regenta) und Effi Briest nicht so sehr einer sündhaften Veranlagung der Frau im Allgemeinen geschuldet sind, als vielmehr eine individuelle, in hohem Maße unfreiwillige und eher zufällige Antwort auf eine feindliche Umgebung. In beiden Fällen sind die Langeweile und das Ersticken der Protagonistinnen an der Kleinstadt die Triebfedern einer Situation, die vom Zeitpunkt der Realisierung der konventionellen Ehe an verborgen bleibt.

In *La Regenta* gibt es nur einen Schauplatz: Er beschränkt sich auf die Stadt Vetusta und ihre Umgebung. Dadurch ist der Raum sehr viel abgeschlossener und bedrückender als im Werk Fontanes. Gleichzeitig trägt dies dazu bei, dass einige konkrete Orte an Geltung gewinnen. Ein unterscheidendes Detail zu der bei Fontane dargestellten deutschen Situation ist das überwältigende Gewicht der Kirche auf das städtische Leben im Spanien Ende des 19. Jahrhunderts. Und dies wirkt sich unmittelbar auf die topographische Strukturierung der Erzählung aus: Zentraler Ort ist die Kathedrale. Claríns Roman beginnt mit einem panoptischen Blick über die Stadt, den der Magistral Don Fermín de Pas, mächtiger Geistlicher, der sowohl das Seelenheil als auch einen beachtlichen Teil des wirtschaftlichen Lebens der Stadt kontrolliert, mit seinem Fernrohr von der Spitze des Turms hat. Wie Zolas Aristide Saccard in *La Curée* (dt. *Die Beute*) begreift er die Stadt explizit als „Gefangene" und sich selbst als gierigen Raubvogel (der diese Gefangene zuallererst einmal seinen eigenen Glaubensbrüdern, den restlichen Geistlichen, die einen wahren Mikrokosmos unter der Kuppel der Kathedrale bilden, den letzten konzentrischen Kreis Vetustas, streitig machen muss).

In deutlicher Erinnerung an das „Paris à vol d'oiseau" Victor Hugos' (dt. etwa „Paris aus der Vogelperspektive") beobachtet der Magistral (Domherr) von seinem Glockenturm aus die alten Residenzen des Stadtviertels Encimada, wo Aristokraten und Arme zusammenleben, die Reihenhäuser von Colonia, das lang gezogene Viertel der Neureichen und auch das wachsende Arbeiterviertel. Und von dort betrachtet er den zweiten Handlungsort, die Palastresidenz Don Víctor Quintanars, dem ehemaligen Gerichtspräsidenten, und seiner Frau Ana Ozores, der „Präsidentin", mit ihrem weitläufigen als „Park" bekannten Garten. Neben Kathedrale und Villa der Präsidentin ist der dritte Schlüsselort, das Kasino, Schauplatz alltäglicher, Zusammenkünfte der Männer Vetustas, in dem Álvaro Mesía regiert, ein provinzieller Don-Juan-Verschnitt.

Aus diesen Elementen konstruiert Clarín eine sonderbare Dreiecksbeziehung, aus der der Ehemann ausgeschlossen ist: Mit beharrlichem Verführungseifer zanken sich Magistral und Álvaro Mesía um die Liebe der Präsidentin, wobei der eine die geistlichen Waffen benutzt, die ihm seine Rolle als Beichtvater verleiht, und der andere

die weltlichen. Das Gespinst, das sich immer enger um Ana Ozores
legt, besteht aus Ausflügen, die niemals die geschlossene Welt Vetustas
verlassen: in die Innenräume der Häuser der Elite, ins Theater, ins Kasino,
die bisweilen unternommenen Spazierfahrten in der Öffentlichkeit und in
die Ferienhäuser im ländlichen Umkreis, dies alles stets im Schatten des
Turms der Kathedrale oder in Reichweite ihres Glockenklangs. Beginnt
der Roman mit dem panoptischen Ausblick vom Turm, so wird er mit
der Kathedrale enden, auch wenn ihr Innenraum jetzt der Schauplatz der
letzten Demütigung der Romanheldin nach dem tragischen Ausgang eines
Duells ist. Auch in *Effi Briest* erscheint die relativ schlichte Handlung
durch die Ortschaften festgelegt. Das Geburtshaus Effis in Hohen-
Cremmen, die Stadt Kessin in Pommern, wohin sie nach ihrer Hochzeit
mit dem Bürokraten Instetten umzieht, und schließlich Berlin sind die
drei topographischen Mittelpunkte, um die herum sich das Geschehen
entwickelt. Dazu kommt, dass diese drei Punkte keine Etappen sind, die
man bei einem stetigen Vorankommen hinter sich lässt, sondern sie sind
Anhaltspunkte vielfältiger Veränderungen, sowohl physischer als auch
emotionaler Natur, die ohne das große Symbol des 19. Jahrhunderts nicht
möglich wären: die Eisenbahn. Ihre Anwesenheit im Werk Fontanes ist
substanziell, in der sehr viel abgeschlosseneren und klaustrophobischeren
Welt in Claríns Roman hingegen praktisch bedeutungslos.

Das Herrenhaus von Hohen-Cremmen, eine nostalgische Refugium
der in Auflösung begriffenen, einstmals unkomplizierten Welt, eröffnet
und beschließt – „von der Wiege bis zum Grabe" – den Lebenskreis
Effis. Sein Flair ist wenig städtisch: Es ist das ruhige und zivilisierte
Anwesen einer wohlhabenden, fest mit diesem Ort verbundenen Familie
auf dem Lande, die zudem von dessen landwirtschaftlichen Erträgen
lebt. Die glückliche Familie von Hohen-Cremmen verkörpert das Ideal
eines patriarchalischen Landsadels – der ländliche Paternalismus ist ein
Thema, das in Spanien in besonderer Weise von einem anderen großen
zeitgenössischen Schriftsteller Claríns, José María de Pereda, in seinem
Roman *Peñas arriba* (dt. *Das Erbe von Tablanca*) dargelegt wird, der
im selben Jahr wie *Effi Briest*, 1895, veröffentlicht wurde –, das sich
genau in der Mitte zwischen wirtschaftlicher und sozialer Entwicklung
und der Bewahrung der Werte dieser kleinen Gemeinschaft befindet, die
Ferdinand Tönnies gerade in jenen Jahren wissenschaftlich untersuchte
(*Gemeinschaft und Gesellschaft*, 1887).

Doch genauso wie in einem anderen Hauptwerk Fontanes, dem
Stechlin, kann diese anfängliche Idylle in der neuen Gesellschaft nicht
aufrechterhalten werden. Eine lieblose Ehe führt Effi (nach einer langen
und wenig befriedigenden Italienreise, die das Elternhaus mit jener
anderen Erfindung moderner Reisen, den Postkarten, überschwemmt) zu

dem schrecklichen Kreuzungspunkt von ländlicher Natürlichkeit und dem ungezügelten Rhythmus der großen Hauptstadt: in das kleine, graue Kessin nahe Rostock. Trotz der saisonalen Anwesenheit von Sommerurlaubern, die am deutlichsten das Eindringen der modernen Lebensweisen verkörpern, erscheint die Kessiner Gesellschaft als unerträglich mittelmäßig. Vor ihr wird Effi nur durch die Figur Gieshüblers, Apotheker wie Fontanes eigener Vater und deutlich mit Frígilis in *La Regenta* verwandt, bewahrt.

Trotz der natürlichen Schönheit des Ortes, trotz der Bemühungen von Effis Ehemann, das Heim durch einen „sehr originellen" Dekorateur gemütlich einrichten zu lassen, und trotz der modernen Annehmlichkeiten von Küche, Wasser und Elektrizität wirkt das Kessiner Haus vom ersten Moment an bedrückend. Effi sieht sich in ihm umgeben von einem beunruhigenden Gemisch „halb befremdlicher und altmodischer Dinge", das sich durch die Existenz leerer und verschlossener Zimmer manifestiert, dunkler Räume, die sich der Durchschaubarkeit, die ihre Kindheit prägte, entziehen. Zu all diesem gesellt sich zusätzlich die Einmischung eines aus der Romantik stammenden Erzählelements der Angst, verkörpert in der Figur des Chinesen, die sich als eindeutig anrüchig herausstellt. In dieser erstickenden Atmosphäre vollzieht sich Effis Ehebruch fast mehr als logische Folge von Langeweile denn aus Leidenschaft.

Berlin, Hauptstadt der Anonymität, ist schließlich der Schauplatz des grausamen, Schicksals der Ehebrecherin. Doch zunächst einmal wird in den verschiedenen kurzen Reisen, die die Hauptfiguren machen, die Rolle der Stadt skizziert. Eine erste Reise hat den Erwerb der Aussteuer zum Ziel und charakterisiert Berlin daher als Hauptstadt des Luxus. Die Schaufensterbummel in der Straße Unter den Linden wechseln ab mit dem Bestaunen des städtischen Schauspiels aus den großen Fenstern des Cafés Kranzler oder Besuchen im Zoologischen Garten und in der Nationalgalerie. Ein zweiter, sehr kurzer Besuch findet bei der Rückkehr von der Hochzeitsreise in Italien statt; in den zwei Stunden, die sie zur Verfügung haben, bis sie den Zug nach Stettin besteigen, gelingt es ihnen, ein Panorama (mit Sicherheit das *Kaiserpanorama* von August Fuhrmann) zu besuchen.

Die Beförderung Instettens und der Umzug nach Berlin machen uns schließlich mit dem hauptstädtischen Leben vertraut. Von Anfang an erscheint es durch ruhelose Betriebsamkeit (greifbar in der Allgegenwart der Straßenbahnen) und Menschenmassen geprägt. Dies verunsichert Effi bereits bei ihrer Ankunft am Bahnhof Friedrichstraße. Die neue Wohnung des Ehepaars liegt in der Keithstraße, neben dem Zoologischen Garten, in „einem Neubau, etwas feucht und immer noch unfertig", doch repräsentativ für das rasante Wachstum des wilhelminischen Berlins. Aber gerade in Berlin holt Effi die Vergangenheit wieder ein: Die zufällige

Entdeckung der zwischen Effi und ihrem früheren Liebhaber in Kessin, Major Crampas, ausgetauschten Briefe beschleunigt das Ende. In einem Duell tötet Instetten Crampas. Effi hingegen lebt, verstoßen von Mann und Eltern und ihrer Tochter beraubt, weiter im anonymen Berlin [„Du wirst am besten in Berlin leben (in einer großen Stadt vertut sich dergleichen am besten) und wirst da zu jenen vielen gehören, die sich um freie Luft und lichte Sonne gebracht haben"] in einer bescheidenen Wohnung nahe dem Halleschen Tor. Nachdem sie ihrer Tochter ausgerechnet in einer Straßenbahn zufällig wieder begegnete, kehrt sie schließlich nach dem väterlichen Pardon in das alte Haus von Hohen-Cremmen zurück, um zu sterben. Damit schließt sich der Kreis, der durch jene drei konstitutiven Örtlichkeiten des Deutschland der Jahrhundertwende gekennzeichnet ist: den Überresten der alten ländlichen Welt, der Kleinstadt und der Großstadt.

La Regenta und *Effi Briest* sind, alles in allem, nicht nur zwei große literarische Werke, sondern auch zwei tiefgehende Reflexionen über die Art und Weise, wie einige für die Widersprüche eines historischen Augenblicks sehr repräsentative Ereignisse mit Räumen verknüpft sind, deren Bedeutung über die einer bloßen Ausschmückung weit hinausgeht und für deren literarische Definition auf eine zeitgenössische architektonische und städtebauliche Auseinandersetzung nicht verzichtet werden kann.

NO PODRÍA PARECER MARAVILLA EL QUE LOS ARQUITECTOS ERUDITOS VOLVIESEN LA VISTA A LA ARQUITECTURA POLICRÓMATA – DIE EUROPÄISCHE DEBATTE UM FARBE IM 19. JAHRHUNDERT UND DER BEITRAG DES ARCHITEKTEN

MARINA DEL CASTILLO HERRERA
MARÍA OCÓN FERNÁNDEZ

Die Veröffentlichung der Schrift Jakob Ignaz Hittorffs *De l'architecture polychrôme chez les Grecs, ou restitution complète du temple d'Empédocles, dans l'acropolis de Sélinunte* (1830) markierte den Beginn einer Polemik, die später als „Polychromie-Debatte" bekannt wurde und so in die Geschichte einging. Sie wurde zugleich eine der wichtigsten architektonischen Debatten des 19. Jahrhunderts, an der sich nicht nur namhafte europäische Architekten, sondern auch herausragende Persönlichkeiten aus Disziplinen wie der Archäologie, der Philologie und der Kunstgeschichte beteiligten. In ihrem Verlauf erhielt diese Polemik einen europäischen und interdisziplinären Charakter. Seit dem Erscheinen der Arbeit von David van Zanten *The Architectural Polychromy of the 1830's* (1977) entwickelte sich dieses Thema auch zu einem Forschungsgegenstand, wobei man sich hauptsächlich auf die Verwendung von Farbe an den Marmormonumenten der griechisch-römischen Antike konzentrierte.

Der Einfluss der Arbeit van Zantens prägte auch die spätere Forschung zu diesem Thema, die sich einerseits auf die Studie der wichtigsten Akteure und Zentren (England, Frankreich, Deutschland), andererseits auf einen vermeintlichen Höhepunkt beschränkte, der in den dreißiger Jahren des 19. Jahrhunderts erreicht wurde. In den wissenschaftlichen Arbeiten, die bis heute zu diesem Gegenstand erschienen sind, kann man generell – von wenigen Ausnahmen abgesehen – das Fehlen von

Untersuchungen feststellen, die die Beziehungen zwischen den an dieser Debatte beteiligten Disziplinen (Architektur, Archäologie, Philologie, Kunstgeschichte) reflektieren. Trotz der wiederholten Bezugnahme auf ihren europäischen Charakter sind Beiträge aus anderen Ländern – wie zum Beispiel Spanien – ebenfalls unbeachtet geblieben.

Der Aufsatz vermittelt somit einen allgemeinen Überblick über die europäische Polychromie-Debatte unter Hervorhebung ihrer wichtigsten Zentren und Protagonisten. Er konzentriert sich auf solche Persönlichkeiten wie den deutschen Architekten Gottfried Semper, zeigt aber zugleich dessen Beziehungen zu einer der bedeutendsten Figuren der spanischen Architektur des 19. Jahrhunderts, Francisco Jareño de Alarcón. Geleitet von einem interdisziplinären Ansatz, fokussiert er sich auf die Bedeutung der Texte antiker Autoren in dieser Kontroverse. Er untersucht die Rolle, die die Philologie, vertreten durch Persönlichkeiten wie Gottfried Johann Jakob Hermann, in dieser Problematik einnimmt. Entsprechend dem Beitrag der Philologen und Archäologen wird nach dem eigenen Anteil des Architekten gefragt und dieser im Zusammenhang mit der Rolle von Farbe und Imagination behandelt und an den farbigen Rekonstruktionen von antiken Baudenkmälern exemplarisch dargestellt.

Dieser sowohl europäische als auch interdisziplinäre Diskurs entwickelte sich von einem „Dialog über die Farbe" – eingeleitet von den seit der Mitte des 18. Jahrhunderts von englischen Reisenden und Architekten gemachten Beobachtungen – zu einer polemischen Auseinandersetzung, ja zu einer regelrechten Debatte um Farbe. Obwohl dieser Streit in England ihren Anfang nahm, war Frankreich dann das Land, in dem er sich entfaltete. Dazu trugen einerseits das Werk von Quatrèmere de Quincy *Le Jupiter Olympien* (1815) und andererseits die Arbeiten („envois") von Stipendiaten der französischen Akademie in Rom bei.

Mit Hittorffs Schrift von 1830 sowie mit seinen farbigen Rekonstruktionen antiker Tempelbauten, vor allem aber mit der heftigen Reaktion des französischen Archäologen Désiré Raoul-Rochette, verwandelte sich das, was bislang nur auf Frankreich beschränkt geblieben war, in einen auf europäischer Ebene geführten Diskurs. Die verschiedenen Beiträge, die unmittelbar folgten und von denen viele in so wichtigen Zeitschriften wie *Annali dell'Istituto di Corrispondenza Archeologica* (Rom) oder *Journal de Savants* (Paris) veröffentlich wurden, sorgten für ihre schnelle Verbreitung. Da es sich um eine von Architekten geleitete Debatte handelte, fand diese nicht nur auf der rein gelehrten Ebene statt, sondern übte einen direkten Einfluss auf die architektonische Praxis der damaligen Zeit aus.

Im Verlauf dieses Streits um Farbe ging man von den zu Beginn eingenommenen Haltungen (*a.* die Verfechter der Position, dass gar keine

Farbe existierte, *b.* die Verfechter der Meinung, dass die Marmortempel des klassischen Altertums komplett mit Farbe bedeckt waren, *c.* die Vertreter der Ansicht, dass sie nur teilweise mit Farbe bedeckt waren) zu einer Diskussion über, die sich auf die angewandten Systeme zur Verwendung von Farbe konzentrierte. Damit wurde die Entdeckung von Farbe an den Monumenten des klassischen Altertums als archäologische Tatsache deklariert. Was man darzulegen und zu verbreiten versuchte, war kein Bild des Altertums, wie es damals vorherrschenden ästhetischen Kriterien – z. B. nach der Ästhetik eines „weißen" Klassizismus Winckelmann'scher Prägung – entsprach und auf die Vergangenheit bzw. auf die Antike zurück projiziert wurde. Ganz im Gegenteil: das Wissen über das Altertum sollte vor allem auf der genauen Kenntnis der Antike beruhen. Daher die Bedeutung, die den Altertumswissenschaften, d. h. der klassischen Philologie und Archäologie, beigemessen wurde. Es handelt sich dabei um jene Disziplinen, die sich mit dem Studium der antiken Quellen, d. h. den Texten der klassischen Autoren sowie den archäologischen Funden, befassten und somit die notwendigen Kenntnisse über die Antike lieferten. So kam es dazu, dass die anfangs rein architektonische Debatte den Charakter einer philologisch-archäologischen annahm. Dafür stehen die Veröffentlichungen von Architekten wie Hittorff und Gottfried Semper sowie von Archäologen wie Raoul-Rochette und Philologen wie Jean-Antoinne Letronne oder Hermann. In diesem Zusammenhang wäre zudem die wichtige Schrift des Kunsthistorikers Franz Kugler zu berücksichtigen sowie die Schrift von Francisco Jareño de Alarcón „De la arquitectura policrómata".

Ein weiterer Aspekt, der aus den Beiträgen zur Polychromie-Debatte hervorzuheben ist, betrifft das Thema der Wand- oder Tafelmalerei. Zur Diskussion stand die Frage, ob historische Gemälde, in Innen und Außen der Cella, direkt auf dem kostbaren Material Marmor ausgeführt wurden, also, ob es sich um Freskomalerei oder aber, ob es sich um transportable Gemälde, d. h. um Tafelbilder handelte. Auf diesen Aspekt und auf das bereits erwähnte System zur Anwendung von Farbe in der Architektur und Skulptur des Altertums konzentriert sich ein Großteil der Beiträge. Neben den bereits erwähnten Autoren wurden diese Schriften von Persönlichkeiten wie Johann Joachim Winckelmann, Aloys Hirt, Carl August Böttiger, Friedrich August Welcker und Eduard Gerhard verfasst.

Im Zusammenhang mit dem hier vermittelten Antikebild, das auf der Verwendung von archäologischen Beweisen und philologischen Zeugnissen basierte, werden im Aufsatz die von Architekten realisierten farbigen Rekonstruktionen antiker Tempelbauten beleuchtet. Sowohl Hittorfs Rekonstruktion des Empedokles-Tempels in Selinunt auf Sizilien als auch Sempers Darstellung einer Ecke der östlichen Fassade des Parthenon zu Athen werden untersucht. Als Beispiel für das von Franz Kugler in seiner Schrift *Über die Polychromie der griechischen Architektur und Skulptur und ihre Grenzen* von 1835 dargelegte Farbsystem soll außerdem Heinrich Stracks Arbeit zu dem Tempel des *Minerva Parthenos* auf der Athener Akropolis beleuchtet werden. Zu diesen drei Werken gesellt sich die Besprechung einer Darstellung der westlichen Fassade des Parthenon zu Athen des spanischen Architekten Gerónimo de la Gándara, die erst später, nämlich 1850, entstanden ist.

Das unter Verwendung eines bestimmten Farbsystems entworfene Antikebild, das in jeder der behandelten Darstellungen manifest wird, erfährt auch unter Berücksichtigung der Texte antiker Autoren eine eingehende Betrachtung. In diesem Zusammenhang kommt die Bedeutung von Hermanns Schrift *De veterum Graecorum pictura parietum coniecturae* (1834) zum Tragen. Auf diesen Beitrag bezog sich Semper in seiner Publikation *Vorläufige Bemerkungen über bemalte Architektur und Plastik bei den Alten* von 1834. Hermann war einer der wichtigsten Vertreter jener grammatisch-kritischen Schule, die die präzise Kenntnis der Texte zum Ziel der Philologie erklärten. In seiner Theorie erschienen sie als ein hervorragendes Mittel, um zu einem besseren Verständnis der antiken Welt zu gelangen. Hermann erklärte in diesem Werk, dass sich die Archäologie aus drei Quellen nähren sollte: *1.* aus der Betrachtung der Überreste, die noch existieren, *2.* aus dem Zeugnis der Texte, und *3. aus* der Untersuchung der Natur, die die jeweilige Sache in sich trägt. Beim zweiten Punkt, so Hermann, sollte immer und zum richtigen Zeitpunkt die richtige Interpretation (*interpretatio iust)* angewandt werden – und wenn notwendig, die richtige Vermutung *(recta emendatio adhibeatur)*. Beide zuletzt genannten Aspekte würden aber, auf Grund der damit verbundenen Anstrengungen, meist übergangen, obwohl Hermann zufolge nur mit Hilfe der antiken Texte und ihrer richtigen Interpretation verlässliche Kenntnisse über das Altertum zu erwerben sind. Vor diesem Hintergrund ist es möglich, die Bedeutung der antiken Quellenschriften innerhalb der Positionen abzuwägen, die einige Vertreter der Polychromie-Debatte bezogen hatten. Deshalb stehen die Polychromieschrift Sempers von 1834 und seine spätere Veröffentlichung von 1851 sowie die bereits genannte Publikation von Kugler im Vordergrund des vorliegenden Aufsatzes.

Auch wenn es sich um eine vor allem von Architekten geführte Debatte handelt, so bleibt doch die Frage, woran ihr eigentlicher Beitrag zu dieser Diskussion festgemacht werden kann. Diese Frage gewinnt an Bedeutung, wenn man den Anteil von Philologen und Archäologen an der Entstehung dieses neuen, auf Wissenschaft beruhenden farbigen Antikebildes in Betracht zieht.

Kehren wir nun aber zu den von den Architekten realisierten farbigen Rekonstruktionen zurück. In ihnen übertrifft die Einbildungskraft des Architekten die von der Archäologie und der Philologie zur Verfügung gestellten Überlieferungen. Könnte man behaupten, dass sowohl die archäologischen Tatsachen als auch die philologischen Zeugnisse durch die Vorstellungskraft der Architekten mittels der Farbe „korrigiert" bzw. ergänzt werden? Welche Bedeutung kommt der Einbildungskraft des Architekten in der Rekonstruktion von De la Gándara zu? Könnte man generell und insbesondere auf dieses Beispiel bezogen davon sprechen, dass die Einbildungskraft des Architekten eingeschränkt wird, je mehr durch altertumswissenschaftliche Forschung über das Objekt, welches rekonstruiert wird, bekannt ist? Welche Position nimmt dann der Architekt gegenüber den Texten klassischer Autoren ein? Verhält sich der Architekt, auf Grund der spärlichen Informationen, die in den antiken Texten zur Farbe vermittelt werden, wie der Philologe, indem er diese lückenhaften Mitteilungen, durch die einfache Logik ergänzt, d. h. durch die „architektonische Logik"? Und wenn ja, welchen Kriterien folgt dann diese Logik?

Welche Rolle spielt die Archäologie in Bezug auf die Architektur und vor allem in Bezug auf die Philologie? Könnte die Archäologie als „Tatsachenforschung" nicht generell als die Wissenschaft betrachtet werden, die im Vergleich zur Philologie, die auf Grund ungenauer bzw. verschieden interpretierbarer Informationen, die von den antiken Schriftquellen ausgehen, ein fundierteres Wissen über die Verwendung von Farbe im Altertum vermittelt?

DIE DEUTSCHE ARCHITEKTUR IN DEN SPANISCHEN FACHZEITSCHRIFTEN DES 19. JAHRHUNDERTS: *EINE GEDRUCKTE REISE*

ÁNGEL ISAC

Mit dem Ausdruck „gedruckte Reise" (*viaje impreso*) wird die Rolle der Architekturzeitschrift bei der Verbreitung von Ideen und Werken deutscher Architekten in Spanien untersucht. Der Fokus in diesem Beitrag liegt auf den Aufsätzen, Nachrichten und Informationen aus den periodisch erscheinenden Fachzeitschriften des 19. Jahrhunderts. Die Vorteile, die dieses Medium auf dem Gebiet der Architektur im Gegensatz zu gedruckten Büchern bietet, ermöglichen vor allem eine viel schnellere Kommunikation und Verbreitung aller Fragen, die sowohl die Arbeit als auch die Ausbildung der Architekten betreffen. Weiterhin wird die „gedruckte Reise" andere Wege der wirklichen Reise, die seit mehreren Jahrhunderten von Architekten tradiert wurden und entscheidend für die Architektenausbildung und -praxis waren, ergänzen und teilweise ersetzen.

Der Journalismus war auf dem Gebiet der Architektur im 19. Jahrhundert – so haben es Pevsner, Lipstadt, Jenkins und Collins in ihren Untersuchungen gezeigt – gebunden an das industrielle Wachstum in den nordeuropäischen Ländern durch eine zunehmend technisch-professionelle Differenzierung gekennzeichnet. Ganz im Gegensatz zu den spanischen handelt es sich bei den europäischen Zeitschriften aber um Publikationsorgane, die über einen langen Zeitraum Bestand hatten. Die wirtschaftliche Entwicklung Spaniens, der sehr kleine Markt von Lesern und Akademikern sowie die geringe gesellschaftliche Rolle der Architekten und eine noch geringe Bautätigkeit, erklären nicht nur die verspätete Entstehung des Architekturjournalismus. Im Vergleich zu ähnlichen Medien in Frankreich, England oder Deutschland wurden

die ersten spanischen Architekturzeitschriften mit einer zeitlichen
Verspätung von etwas dreißig Jahren gegründet. All' dies erklärt, warum
die Zeitschriften nur für kurze Zeit existierten.
Der Inhalt der Zeitschriften war in verschiedene Rubriken aufgeteilt,
die je nach Ausgabe variierten. Die wichtigsten Rubriken widmeten
sich grundlegenden Fragen der Architektur, wissenschaftlichen und
technischen Themen und städtischen Angelegenheiten, enthalten
aber auch bibliographische Hinweise, amtliche Bekanntmachungen,
Ausschreibungen, etc. Bezüglich des Themas dieses Beitrags ist das
Entstehen einer dem Ausland gewidmeten Rubrik, die Mariano Belmás
in der *Revista de la Sociedad Central de Arquitectos* (1876) einführte,
von besonderer Bedeutung. Genauso wichtig zu erwähnen wären die
Übersetzungen der bekanntesten europäischen Autoren und Architekten,
welche, ohne eine eigene Rubrik zu erhalten, einen der bedeutendsten
inhaltlichen Aspekte der spanischen Architekturzeitschriften darstellten.
Dadurch wurden eine unmittelbare Erfahrung sowie die Kenntnisnahme
wesentlicher Fragen der Architektur oder der für Architekten interessanten
technisch-wissenschaftlichen Fortschritte ermöglicht.

Die Hinweise auf die deutsche Architektur sollen im Kontext der
damaligen Baukultur in Spanien und der wichtigsten architektonischen
Diskurse analysiert werden. Bevor aber auf die Darstellung der deutschen
Architektur in den spanischen Fachzeitschriften eingegangen wird, sollte
an die Kulturpolitik erinnert werden, die in Bayern seit Beginn des
19. Jahrhunderts stattfand. Gerade dies brachte der spanische Autor José
de Madrazo – einer der herausragendsten Intellektuellen der spanischen
Romantik – mit seinem Plädoyer für die bayerische Hauptstadt zum
Ausdruck. Madrazo schlug vor, der Kulturpolitik Ludwig I. von Bayern,
durch die München zum so genannten *Athen des Nordens* wurde, zu
folgen. Nachdem Madrazo den Bau von öffentlichen Gebäuden zur
Unterbringung künstlerischer und wissenschaftlicher Einrichtungen in
München gelobt hatte, stellte er anschließend fest: „Si el gobierno español
siguiese este mismo ejemplo de la Baviera, en veinte años pudiera tener
una Galería Histórica Española (…). Este sería el más seguro medio para
que las Nobles Artes floreciesen en España y de tener grandes artistas
como los ya pasados (...)" (Madrazo, 1885). Das war eine interessante
Anregung, um die Institutionalisierung der Volkskultur zu fördern, in der
die Architektur ebenso wichtig sein sollte wie in München.

Die Fokussierung in diesem Beitrag liegt jedoch auf Darstellung
und Behandlung der deutschen bzw. der im deutschen Sprachraum
entstandenen Architektur in den spanischen Architekturzeitschriften
des 19. Jahrhunderts. Folgender Textauszug verdeutlicht das: „Entre
las naciones que más han estudiado y comprendido el arte clásico de

los griegos, descuella hoy día la culta Alemania. En Berlín, Viena, Munich, Dresde y otras ciudades alemanas, se han construido muchos edificios y monumentos públicos, resplandeciendo en ellos la belleza de los detalles griegos, combinados con tal maestría, que forman las bellas y originales composiciones arquitectónicas que nos muestran las publicaciones artísticas de Schinkel, Mauch, Strack, Stüler, Gropius y otros ilustres arquitectos alemanes". Diese Textpassage stammt aus der Feder von Miguel Martínez Ginesta, einem Mitarbeiter der Zeitschrift *El Eco de los Arquitectos*. Er veröffentlichte 1872 einen Artikel mit dem Titel „Breves consideraciones sobre el arte moderno". In diesem Text lehnte er den Eklektizismus ab und stellte dabei die Überlegung an, dass das, was in der Philosophie akzeptiert werden konnte, nicht für die Architektur – in Anbetracht der Bauvorschriften und der entsprechenden gesetzlichen Bestimmungen, welche diese Folge leisten sollte – gelte. Martínez Ginesta schätzte sowohl die griechisch-römische Architektur als auch den gotischen Stil besonders. Er meinte, dass jedes System in der zeitgenössischen Architektur angewandt werden könne. Um nicht aber der Gefahr zu laufen, in den Wirren des Eklektizismus zu münden, empfiehlt er, beim Prozess der Anpassung an die modernen Bedürfnisse, sowohl die Einheit als auch das logische und rationelle Kriterium eines jeden Stiles zu bewahren.

Seine Schilderung der deutschen Architektur bildet eine der ersten und detailreichsten kritischen Beschreibungen der zeitgenössischen nord- und mitteleuropäischen Baukunst. Von den von Martínez Ginesta erwähnten Architekten ging er insbesondere auf die ausgeführten Projekte Schinkels ein, von dem er Folgendes festhielt: „No somos competentes, ni nuestras fuerzas alcanzan a más que a admirar el genio del arquitecto alemán del presente siglo. Juzgando los magníficos diseños que ha publicado, se ve con placer la vigorosa inventiva y el bello, grandioso, aspecto que ha sabido dar a sus creaciones artísticas, la mayor parte *inspiradas* (y no *plagiadas)* del arte clásico greco-romano" (Martínez Ginesta, 1872). Es überrascht also nicht, dass sein Urteil zum Bau der Pariser Oper umso kritischer ausfiel: „Será de lo más grande y notable de los tiempos modernos, no obstante la poca *armonía,* y aún poco *decoro artístico* que se observan en algunos de sus detalles constructivos". Seine Kritik an der französischen Architektur bezieht sich auch auf die Verbreitung derjenigen „(…) construcciones llamadas de *estilo francés* que desgraciadamente se han levantado en la capital de España (...) pero de ese *malísimo* estilo francés que tan en boga parece estar". Dieser *französische Stil,* der besonders bei Privatpersonen und ihren Bauten begehrt war, prägte zu seiner Zeit eine Vielzahl von Gebäuden in allen spanischen Provinzhauptstädten, in denen ein Bürger ein geschmackvolles

Haus errichten ließ oder die öffentliche Verwaltung ihre großen Gebäude modernisierte.

Die von Martínez Ginesta genannten deutschen Architekten hätten, folgt man seinen Ausführungen, die großen architektonische Fragen des 19. Jahrhunderts beispielhaft gelöst: die Stilkrise oder, anders ausgedrückt, das Dilemma des Eklektizismus. Mit Martínez Ginestas Beitrag wurde zum ersten Mal Kritik an dieser Stilrichtung laut. Er stellte dem französischen das deutsche Modell gegenüber und entschied sich für letzteres. Es steht außer Zweifel, dass dieser Artikel einer der interessantesten Beiträge aus dieser Zeit gewesen ist. Die Wertschätzung der deutschen Architektur ist ein bemerkenswertes Phänomen, das notwendigerweise – und das ist leicht verständlich – mit der Ablehnung des französischen Modells einherging. Obwohl letzteres im Allgemeinen eine größere Auswirkung auf die spanische Architekturgeschichte des 19. Jahrhunderts ausübte.

Schauen wir uns ein weiteres interessantes Beispiel der deutschen Architektur an. Dafür wenden wir uns von den Äußerungen in der Architekturzeitschrift ab und richten unsere Aufmerksamkeit auf eine Institution, auf die Madrider *Real Academia de Bellas Artes de San Fernando*. Als Erwiderung auf einen wichtigen Beitrag zur Aufnahme in die Akademie kam man zu folgendem Schluss: „El espíritu de la duda, tanto en religión como en el arte, se ha apoderado del dominio público: se cree en todo y no se cree en nada... Ni siquiera se respetan los estilos que se adoptan; se les confunde y desfigura, y se les trastorna en sus disposiciones fundamentales. ¡Y a esta verdadera anarquía se da el pomposo nombre de invención!". Wer immer auch diese Äußerung machte, weigerte sich, im Eklektizismus etwas anderes zu sehen als ein „kunstvolles Plündern" (*merodeo artístico*) zu sehen, umso mehr, als die französischen Modelle großen Einfluss auf die Verbreitung einer so genannten „Süßwaren-Kunst" (*arte de la confitería*) hatten. In diesem Zusammenhang findet sich ein interessanter Aufruf, eine Art Empfehlung an die Adresse der jungen Architekten für die Baukunst, sich die in jener Zeit in München, Berlin und Wien von Architekten wie Leo von Klenze, Friedrich Gärtner, Gottfried Semper, Hans Christian Hansen und Heinrich von Ferstel gebaute Architektur zum Vorbild zu nehmen. Der Autor unterstrich das mit folgender Äußerung: „Dejad a un lado ese ostentoso palacio del Trocadero con sus pretensiones de grandiosidad; esa Nueva Ópera, engendro monstruoso de mármoles (...). En estas tres ciudades, Munich, Berlín y Viena, tenéis, ¡oh jóvenes arquitectos!, modernos focos de enseñanza, tipos que poder imitar"(Marqués de Monistrol, 1882).

Neben der grundlegenden Frage nach dem Modell, dem die spanischen Architekten folgen sollten (Frankreich oder Deutschland), gäbe es noch einen weiteren zu behandelnden Punkt. Dieser wird in diesem Beitrag unter dem Aspekt der „Gefahren der gedruckten Reise" (*los peligros del viaje impreso*) diskutiert. Es handelt sich hierbei um die Rolle dieses neuen Mediums im damaligen Diskurs zum Nationalismus in der Architektur. Für einige Autoren und Architekten stellten die Zeitschriften eine ernsthafte Bedrohung für das angestrebte Projekt, Architektur und Nationalismus zu verbinden, dar. Leonardo Rucabado und Aníbal González beklagten sich darüber, dass zu ihrer Studienzeit um 1900 „(...) se consultaban mucho las revistas extranjeras, para inspirar nuestros proyectos, y poco las nacionales". Die zwei genannten Autoren waren die wichtigsten Vertreter des spanischen National-Regionalismus in den ersten Jahrzehnten des 20. Jahrhunderts. Es scheint in dem Zusammenhang angebracht zu sein, daran zu erinnern, dass in der zweiten Hälfte des 19. Jahrhunderts das Problem der nationalen Identität, – als notwendige Bedingung der modernen Architektur – viele europäischer Kritiker und Architekten beschäftigte und in Deutschland eine besondere Ausprägung annahm, wie es Mitchell Schwarzer in seiner Veröffentlichung dargelegt hat.

Es ist dasselbe moralische Gebot, das Arturo Mélida y Alinari in Spanien behandelte, als er 1899 in der Akademie von San Fernando über die *Causas de la decadencia de la Arquitectura y medios para su regeneración* referierte. Ohne im Detail auf die von Mélida erwähnten Gründe einzugehen, wird in diesem Zusammenhang auf die Schlussfolgerung eingegangen, zu der der neu in die Akdmie aufgenommene Autor gelangte, um eine Erneuerung der spanischen Architektur zu ermöglichen. Die Gotik, der Plateresco-Stil und der Mudéjarstil stellen, nach den Worten Mélidas, eine „tradición tan gloriosa como genuinamente española" dar. Seit Ende des 19. Jahrhunderts konnte keine Wiederbelebung vergangener Stile das Gebot einer nationalen Tradition des „*unverfälschten Spanischen*" (*genuinamente español*) mehr umgehen, wie Mélida selbst darlegte. Die Ablehnung eines architektonischen Eklektizismus', der bereits mit jenem internationalen Stils französischer Prägung identifiziert wurde und der die Werte eines „*unverfälschten Spanischen*" zerstören würde, gab erneut Anlass zu manch' lebhafter Diskussion. Dabei wurde die Wiederbelebung des Autochthonen, Einheimischem jenem eklektischen Internationalismus gegenübergestellt, welcher immer häufiger und negativ konnotiert als *Exotik* bezeichnet wurde.

Festzustellen bleibt ferner, dass es bei den Kritikern nicht mehr darum ging, das deutsche Modell gegenüber dem französischen abzugrenzen. Im Vordergrund stand nun vielmehr die Absicht, generell alles Fremde, dass die Unverfälschtheit und nationale Identität der spanischen Architektur gefährden könnte, in einen Topf zu werfen. Das so genannte *Exotische* umfasste alles, was als Ausdruck eines fremden Einflusses negativ bewertet

wurde und deswegen abgelehnt werden sollte: „Antes de defender el
‚exotismo', con todas sus fatales consecuencias, implantando en España
estos estilos, o mejor dicho, tendencias y chabacanerías italianas, francesas,
alemanas o inglesas, es preferible la copia de lo viejo español, aun
cuando con esta copia servil no se consiga el resurgir del Arte patrio en
la forma que yo entiendo y dejo consignado; porque siempre será mejor
un remedo de lo nuestro que el antinacionalismo arquitectónico" (Luis
Mª Cabello Lapiedra, 1917). Vor dem Hintergrund dieser doktrinären
Position bleibt abschließend hervorheben, das zur selben Zeit Autoren wie
Leopoldo Torres Balbás – einer der angesehendsten Historiker Spaniens
sowie Restaurator der Alhambra – es wagten, ein „modernes deutsches
Haus" (moderna casa alemana) jedem architektonischen Beispiel, das
angeblich die wahre nationale, regionale oder lokale Tradition verfälschte,
vorzuziehen.

LA FANTASÍA VIAJA POR LOS CAMINOS MÁS ASOMBROSOS – LAS CIUDADES ANDALUZAS DESDE LA PERSPECTIVA DE LOS VIAJEROS EUROPEOS DEL SIGLO XIX

HENRIK KARGE

Cuando el pintor finlandés Albert Edelfelt (1854-1905) viajó a Andalucía en la primavera de 1881, éste, como muchos de los viajeros de su época, se sintió fascinado por la Alhambra de Granada. Aparentemente, sin sentirse molesto por otros turistas, pasó varios días en sus patios, en el interior y en los jardines del famoso palacio y describió sus impresiones con verdadero entusiasmo en las cartas a su madre:

> *"Te dejas mecer por una dicha indolente, los pensamientos se detienen, pero la fantasía viaja por los caminos más asombrosos. Ahora estoy completamente familiarizado con los viejos castillos moros, y puedo decir que, hasta el momento, nada me ha cautivado de esta manera.*
>
> *La fantasía llena por completo estas salas –que recuerdan los cuentos de Las mil y una noches– de sultanas, abencerrajes, cautivos cristianos, etc., y antes de que un sueño se desvanezca, otro se abre camino en mi imaginación. Se puede estar sentado durante horas en el alféizar de una ventana mirando Granada desde allí".*

Las cartas de Edelfelt dan muestra de una intensa experiencia, lo que no se refleja en muchas de las numerosas descripciones de viaje publicadas en el siglo XIX. Sin embargo, la literatura romántica, que originó la imagen de la Andalucía árabe en general y de la Alhambra en particular como lugar de encanto para el viajero europeo, preformó igualmente el pensamiento de este autor. En 1832 el escritor americano Washington Irving alcanzó un merecido reconocimiento a través de su antología de novelas *Cuentos de la Alhambra*, la cual traslada al lector a los tiempos de la civilización árabe en España. La mención en la obra de Edelfelt de la familia noble de los Abencerrajes, centro de muchas de las oscuras leyendas de los últimos años de los árabes en Granada, remite a la novela *Les aventures du dernier Abencerrage* (1826) de François-René de Chateaubriand.

En efecto, fueron en primer lugar los monumentos andaluces de la época musulmana –además de la pintura sevillana del siglo XVII y, en especial, Murillo– lo que atrajo a los viajeros de todo el mundo a esta región al límite del continente europeo. En este contexto no se puede olvidar que España hasta finales del siglo XVIII no se puede considerar como destino clásico de los viajeros europeos: El *Bildungsreise* de los nobles de Inglaterra, Francia y Alemania así como de intelectuales y artistas los llevará preferentemente a Italia, canonizada por la tradición de la Antigüedad. En Italia se vivía además un catolicismo menos estricto que en España, que además por su tradición medieval y la presencia de su pasado musulmán, adquiría un matiz extraño, un carácter casi amenazante. La mala infraestructura del país, de sus calles, de sus medios de transporte y albergues, contribuyeron a reafirmar esa imagen, según la cual la península ibérica aparecía como destino solo para aventureros. Estos obstáculos existían todavía en las primeras décadas del siglo XIX, a los que se podían añadir los peligros por las guerras existentes entre grupos políticos rivales en el país. Bajo el signo del Romanticismo, la idea oscura de la España católica junto con su imagen contraria, es decir, el Al-Andalus musulmán, brillando aún más desde esa mirada retrospectiva, empezó a fascinar al público culto europeo. España – junto con Alemania– se convierte así en destino por excelencia de los viajeros románticos.

Las fuentes que alimentaron el mito de Andalucía, común a los viajeros europeos del siglo XIX, no solo estaban fundadas en esa imagen poética-pintoresca de la época de esplendor de los árabes en España. Ésta a su vez se encontraba igualmente unida a las impresiones recibidas de esa vegetación exuberante mediterránea, en parte subtropical, a la luz radiante del sur y a la seducción erótica que unían los viajeros con Andalucía. Efectivamente, casi todos los escritores describen el atractivo de las mujeres jóvenes andaluzas en vivos colores: el pintoresquismo de la ropa, los ojos negros, jugueteando con los abanicos como en las caracterizaciones de Théophile Gautier (*Voyage en Espagne*, 1843). La presencia de la leyenda de Don Juan en la tragedia *Don Juan Tenorio* (1844) de José Zorrilla y en particular la ópera *Carmen* de Georges Bizet, estrenada 1875 en París, convirtieron a Sevilla en un centro imaginario de evocaciones eróticas, incrementadas a veces en obsesiones mortales. En *Carmen* se escenificaba además el ambiente gitano que iluminaba aún más el mito andaluz, consolidado con esa obra, y que al mismo tiempo reforzaba los tópicos adherentes al mismo.

El verdadero "descubrimiento" de Andalucía por los viajeros europeos se efectuó a finales de los años veinte del siglo XIX y a diferentes niveles. No solo los escritores visitaron o se establecieron por algún tiempo en las ciudades del sur de España. Así, el 1829 el americano Washington Irving permaneció varios meses en Granada, estableciéndose cerca de la Alhambra. Les siguieron artistas que ilustraron las obras de viaje y algunas veces publicaron series gráficas. Más adelante, aparecieron los primeros trabajos científicos sobre el arte árabe en Andalucía como, por ejemplo, la publicación del alemán Ludwig Schorn de 1831. Los artistas británicos iniciaron en esos años una verdadera carrera competitiva por descubrir y fijar gráficamente los asuntos más pintorescos del país. El escocés David Roberts viajó por Madrid y Andalucía de diciembre en 1832 a septiembre 1833 coincidiendo con los tumultos militares de las Guerras Carlistas de manera que solo a duras penas pudo salir de la ciudad sitiada de Sevilla y embarcarse hacia Inglaterra. Tanto mayor fue, sin embargo, el beneficio artístico que pudo obtener de su viaje, ya que Roberts logró que sus pinturas andaluzas aparecieran en la obra *The Tourist in Spain* (1835-1838) de Thomas Roscoe recibiendo por ello honorarios excepcionalmente elevados. Los cuatro tomos de esa obra dieron a su vez a conocer a su ilustrador. Mientras que Roberts presentó vistas generales de ciudades y monumentos famosos, las imágenes de la Alhambra de su adversario John Frederick Lewis, publicadas en la obra *Sketches and Drawings from the Alhambra* (1835), se destacaban por una visión más intimista y neutra. Las ilustraciones de los motivos ornamentales de la arquitectura árabe de la Alambra, realizadas por Owen Jones y Jules Goury durante los años de 1830 y publicadas de 1842-1845 en la obra *Plans, Elevations, Sections and Details of the Alambra*, mostraban una intención completamente nueva. Este trabajo sentó la base para la famosa obra *The Grammar of Ornament* de Jones (1856). Ésta supuso una importante aportación a la renovación de las artes decorativas e industriales, surgida a partir de los últimos años del siglo XIX. En esos momentos, la decoración ornamental con toda su riqueza, ligada a un período determinado de la última fase del dominio árabe en Al-Andalus, ya no simbolizaba el mundo imaginario del Romanticismo, sino ponía de manifiesto un movimiento de reforma artística abocado hacia la época moderna.

Con un poco de retraso, los españoles comenzaron a observar esa región del sur a través de los ojos fascinados de los viajeros extranjeros. Si bien es verdad que los tesoros del arte de las provincias andaluzas ya fueron registrados minuciosamente por Antonio Ponz a finales del siglo XVIII, sin embargo no jugaron un papel destacado en su obra de varios tomos *Viage de España*. Al contrario, en su campaña contra la riqueza de formas del arte barroco andaluz, el clasicista Ponz encontró muchos monumentos dignos de crítica. Su estima se dirigió en primer lugar al arte del siglo XVI, consagrado por la Antigüedad, así como a los frutos del clasicismo académico de esos tiempos, es decir, a aquellos monumentos que los viajeros decimonónicos de Inglaterra, Francia o Alemania muchas veces pasaron por alto, llevándoles su imaginación romántica a concentrarse preferentemente en los edificios provenientes del pasado árabe español.

El entusiasmo de los primeros turistas afectó también a las tradiciones populares, vivas todavía en Andalucía: ferias, procesiones religiosas, bailes folclóricos y corridas de toros, que siempre formaron parte de las descripciones de viajes. Al mismo tiempo, en España se desarrollaría a partir de 1830 la corriente literaria denominada *costumbrismo*, centrada en las tradiciones populares de varias regiones del país, entre las cuales Andalucía adquiriría un papel primordial. Además, ello iba igualmente acompañando por una dialéctica en la percepción realizada por los extranjeros e incluso por los mismos españoles que posteriormente fue de gran importancia para la idea de identidad de estos últimos. Así como los viajeros de los otros países europeos dirigirán su atención, casi exclusivamente y durante décadas, hacia Andalucía y considerarán como típico español las tradiciones y costumbres de esta región, esta idea (unilateral) se convertirá poco a poco en patrimonio y signo de identificación cultural también en España.

En cuanto a la pintura, el interés nuevo por la cultura popular de Andalucía se unía a una precisión creciente en la captación empírica del objeto en sí. Así se produjeron pinturas de colores fuertes de los acontecimientos festivos como la representación de la *Feria* de Sevilla con la silueta del casco antiguo en el fondo hecha por Andrés Cortés en 1852. Una imagen de verdadera realismo supone la representación de una procesión del viernes santo en Sevilla, realizada por Manuel Cabral Bejarano en 1862. Si es verdad que se buscaba plasmar las tradiciones populares andaluzas, con el inicio de la industrialización, que ya también comenzaba a desarrollar en España, estos motivos poco a poco empezaron a desaparecer de esa realidad. Eso fue lo que los viajeros, que recorrieron el sur de España a partir de mediados del siglo XIX utilizando el ferrocarril como nuevo medio de transporte, comenzaron a percibir con cierta sorpresa.

Así es de gran interés investigar las descripciones de viaje de carácter realista, sobre todo, a aquellas relacionadas con las ciudades andaluzas. En este sentido, es importante destacar la obra de dos importantes autores del género correspondiente a la literatura de viajes: el alemán o, mejor dicho, prusiano Fritz Wernick y el danés Martin Andersen Nexø. La publicación *Städtebilder* del primero de ellos aparece en 1880. Concebida como una serie literaria dedicada a todas las ciudades del mediterráneo, incluyendo también su parte árabe, en ella se describen las ciudades andaluzas y, entre las mismas, Granada. De su visión sobria y crítica de este centro de la cultura árabe en Andalucía, en la que su autor, por ejemplo, critica el estado de desolación y abandono en que se encontraban algunos de los jardines y antiguos edificios, destaca el entusiasmo con que describe el monumento y recinto de la Alhambra.

Frente a la obra de Wernick, en la que la fisonomía de las ciudades andaluzas se perfila con una técnica literaria equiparable a otro medio que en el siglo XIX comienza a cobrar importancia, el de la fotografía, Andersen Nexø intenta en su publicación *Soldage* (1903) captar la vida en estas ciudades de una forma aún más intensa y radical. Esa especie de verismo expresivo que caracteriza la descripción de las ciudades del sur de España le lleva a centrarse en aquellas clases menos pudientes, logrando imágenes de gran autenticidad. Así se refleja, por ejemplo, en el retrato realizado de la ciudad de Granada a finales del siglo XIX. Este autor lograba así romper con el folclore superficial de la literatura de viaje en general. Pero como Andersen Nexø sabía, por otra parte, describir también los atractivos de esas ciudades, su obra no tuvo por objeto la destrucción del mito de Andalucía, sino más bien ayudó a liberarlo de sus tópicos.

Por último, y a partir de la obra de un artista de renombre internacional como Mariano Fortuny, se muestra la importancia y preponderancia que la pintura, como medio artístico, todavía posee frente a la fotografía. Así se refleja en el análisis y comparación entre el óleo con un detalle del jardín de su casa en el Realejo Bajo de Granada, obra iniciada por Fortuny y terminada después de su muerte por Raimundo de Madrazo, con la fotografía en blanco y negro de un detalle de esta misma pieza todavía en proceso de gestación.

AUTORES

RICARDO ANGUITA CANTERO

Profesor Titular del Departamento de Historia del Arte y Música de la Universidad de Granada, especialista en Historia urbana. Su principal línea de investigación está dedicada al estudio del papel de la legislación y de los reglamentos edificatorios en los procesos de modernización y transformación de las ciudades españolas durante la génesis de la urbanística contemporánea. Especial atención dedica al estudio de la evolución urbana de Granada. Entre sus publicaciones, destacan las monografías *Ordenanza y Policía urbana. Los orígenes de la reglamentación edificatoria en España (1.750-1.900)* y *La ciudad construida: control municipal y reglamentos edificatorios en la Granada del siglo XIX*. También estudia el papel de las legislaciones urbanística y patrimonial en la conservación de los centros históricos. Actualmente, participa en dos proyectos de I+D+i del Ministerio de Ciencia e Innovación y de la Comunidad de Madrid sobre el nacimiento de la ciudad liberal en España y en un Proyecto de Excelencia de la Junta de Andalucía sobre estudios comparados de las políticas de protección del Patrimonio Histórico en España. Es Director del Centro de Cultura Contemporánea de la Universidad de Granada

JUAN CALATRAVA ESCOBAR

Catedrático de la Escuela Técnica Superior de Arquitectura de Granada, de la que es director. Especialista en estudios sobre Teoría del Arte, Estética e Historia de la Arquitectura, ha publicado, entre otros muchos, los siguientes trabajos: *Romanticismo y teoría del arte en España* (1982, en colaboración con Ignacio Henares Cuellar); *Las Carceri de Piranesi* (1986); *Piranesi : escritos sobre arquitectura y arqueología* (1998); *Arquitectura y Cultura en el siglo de las Luces* (1999); *Jean-Jacques Rousseau et l'architecture* (2003) ; *Estudios sobre historiografía de la arquitectura* (2005); *Los planos de Granada: Cartografía histórica e imagen de la ciudad* (2005). Ha impartido docencia como profesor invitado en Roma, Niza, Venecia y Nápoles. Ha sido Comisario de la Exposición *Le Cor-*

busier y la síntesis de las artes: El Poema del Ángulo Recto (Madrid, Círculo de Bellas Artes, 2006) y coordinación del Catálogo publicado con tal motivo. Organización del Congreso sobre Le Corbusier ligado a dicha exposición. Comisario de la Exposición *Le Corbusier-Heidi Weber*, Madrid, Museo Reina Sofía, junio-septiembre 2007.

MARINA DEL CASTILLO
Doctora en Filología Clásica y Profesora Titular de Filología Latina de la Universidad de Granada. Forma parte del Proyectos o Grupos de Investigación, financiados por el Ministerio de Ciencia y Tecnología y por la Junta de Andalucía. Resultado de su integración en ellos son monografías sobre la gramática latina en el s. IV o concordancias sobre los términos métricos y prosódicos en las gramáticas de Diomedes o Prisciano. En la actualidad su actividad investigadora se centra igualmente en la Historia de la Educación en la Antigüedad así como en el estudio de la lengua poética latina.

HAROLD HAMMER-SCHENK
Estudió historia del arte, arqueología y prehistoria en Tubinga, Friburgo y Viena. Después de la promoción y de la tesis de habilitación obtiene la cátedra de historia del arte en la Technische Universität de Hannover. Desde 1989 es catedrático de historia del arte en la Freie Universität de Berlín en la especialidad de historia de la arquitectura moderna.

IGNACIO HENARES CUÉLLAR
Historiador. Catedrático de Historia del Arte de la Universidad de Granada. Ha desarrollado una intensa actividad docente e investigadora en el campo de la Teoría del Arte, el pensamiento estético y la Tutela del patrimonio. Autor de numerosas publicaciones, entre las que cabe destacar: *La teoría de las artes plásticas en España en la segunda mitad del siglo XVIII* (1977); *Romanticismo y Teoría del Arte* (1982), en colaboración con Juan Calatrava; *Historia del arte, pensamiento y sociedad* (Granada, 2003), *La Capilla Real, la Catedral y su entorno* (Granada, 2004); organizador y editor de las actas del congreso *Arquitectura y Modernismo: del Historicismo a la modernidad* (2000); director y editor de las *Actas del Congreso Dos Décadas de Cultura Artística en el Franquismo : 1936-1956* (2001); investigador principal y editor del libro *La crítica de Arte en España, 1830-1936* (Granada, 2008), en colaboración con Lola Caparrós, resultado del Proyecto de Investigación del mismo título desarrollado en los últimos años. En el año 2002 le fue concedido el Premio Andalucía de Investigación "Plácido Fernández Viagas", en reconocimiento de su larga y fecunda labor investigadora.

ÁNGEL ISAC MARTÍNEZ DE CARVAJAL

Historiador. Profesor Titular de Historia del Arte de la Universidad de Granada. Ha dirigido y participado en proyectos de investigación centrados en el estudio de la cultura arquitectónica de los siglos XIX y XX, y en el conocimiento y difusión del Patrimonio. Especialista en Historia de la Arquitectura y de la Ciudad, en los siglos XIX y XX, materias sobre las que ha publicado numerosos trabajos, entre los cuales cabe destacar: *Eclecticismo y pensamiento arquitectónico en España, 1846-1918* (1987); "Eclecticisme i nacionalisme arquitectònic al segle XIX", (1990); "La visión arquitectónica de la Alhambra: el Manifiesto de 1953", (1994); "Eso no es Arquitectura. Le Corbusier y la crítica adversa en España, 1923-1935", (1997); "Decadencia y regeneracionismo en la crítica arquitectónica del fin de siglo: eclecticismo y nacionalismo" (1999); "Tradición ecléctica, modernismo y regio.ialismo: una cuestión crítica" (2000) ; *Historia urbana de Granada. La formación de la ciudad burguesa* (2007); "La crítica de Arquitectura en España, 1846-1890" (2008); Ha sido colaborador del Plan Especial de Protección y Reforma Interior de la Alhambra y Alijares (1987), del Albaicín (1990) y del Plan Director de la Alhambra y Generalife (2006).

HENRIK KARGE

Estudió historia del arte en Mainz con un año de estancia en España entre 1980 y 1981 (Granada, Madrid). En 1986 realiza su tesis doctoral sobre la catedral de Burgos y la arquitectura española del siglo XIII. Entre 1987 y 1997 fue profesor numerario en la Universidad de Kiel. En 1994 realiza la tesis de habilitación en Kiel sobre Karl Schnaase y los inicios de la historiografía en el siglo XIX. Desde 1997 es profesor de historia del arte en la Technische Universität de Dresde. Como miembro fundador de la Asociación Carl Justi-Vereinigung para la promoción y la cooperación científica en el campo de la historia del arte con España y Portugal y en el marco de sus actividades en esta institución ha organizado numerosas conferencias. Es coeditor de la serie "Ars Iberica et Americana".

Ha realizado numerosas publicaciones sobre la historia del arte español de la Edad Media y de la época moderna habiéndose especializado en la arquitectura románica y gótica y en la arquitectura e historiografía alemana de los siglos XIX y de los inicios del siglo XX (Karl Schnaase y Gottfried Semper).

MARÍA OCÓN FERNÁNDEZ

Licenciada en historia del arte por la Universidad de Granada y por la Technische Universität de Berlín. Además de la especialidad de historia del arte se licencia en Filología moderna alemana en esa misma universidad. En el 2000 se doctoró por la Technische Universität de Berlín. Actualmente realiza su tesis de habilitación sobre el debate europeo sobre la policromía en el siglo xix en la Freie Universität de Berlín, donde ejerce también la docencia.

Ha sido becada por diferentes instituciones alemanas y extranjeras, entre ellas por el Deutsches Akademisches Austauschdienst. Ha sido Fellow de la Getty Foundation. Actualmente es miembro del Grupo de Investigación (SFB) de la Humboldt Universität y de la Freie Universität de Berlín "Transformationen der Antike" y del grupo "Berliner Klassik" de la Berlin Brandenburgische Akademie der Wissenschaften. Ha realizado publicaciones sobre el concepto burgués de habitar en la teoría arquitectónica del siglo xviii y sobre la teoría del ornamento en el Historicismo y en la teoría arquitectónica del Movimiento moderno. Ha realizado igualmente publicaciones sobre la Bauhaus y sobre el desarrollo arquitectónico y urbanístico de Berlín. Entre ellas destaca su estudio sobre el edificio de la Embajada de España en Berlín (1938-1943). Su área de especialización abarca igualmente las relaciones entre Alemania y España en el campo de la arquitectura y cultura arquitectónica.

MARIA RUBERT DE VENTÓS

Arquitecta por la Escuela de Arquitectura de Barcelona (1981) y Doctora por la UPC (1993). Profesora titular de Urbanismo en la ETSAB (Escola Tècnica Superior d'Arquitectura de Barcelona). Publicaciones: *Places Porxades a Catalunya* (2006) y coautora de *Metro, Galaxias metropolitanas, Metropolitan Galaxias* (2002), *Materials d'Urbanisme* (1999) y *La ciudad no es una hoja en Blanco. Hechos del Urbanismo* (2000). Colabora habitualmente en la Prensa y medios de comunicación. Premio Nacional de Urbanismo a la iniciativa Periodística 2004. Co-cordinadora del Proyecto Europeo „La place, Patrimoine européen" (Projet de cooperation Pluriannuel 2004/2007). Ha realizado trabajos sobre Transporte urbano y metropolitano de diversas ciudades. Coautora de la ampliación del Congreso de los Diputados de Madrid, ha realizado diversos proyectos urbanos, entre otros el Proyecto Director para el Área olímpica de la Diagonal (Barcelona 1992), la Ordenación del ámbito Besos-Mar (2000), el Plan 22 Perú – Perel V para el Poble Nou, el nuevo ensanche de Cartagena y el Encaje paisajístico de Pineda de Mar (2007).

- http://arquitectes.coac.net/mariarubert/
- mariarubertarquitecta.blogspot.com/

JESÚS DE LA TORRE

Arquitecto especializado en planificación urbana. Ha desarrollado su carrera profesional en Barcelona, en las principales administraciones y organismos responsables del urbanismo de la ciudad y de su área metropolitana: Corporación Metropolitana de Barcelona (1984-1987), Ayuntamiento de Barcelona (1987-1996), Barcelona Regional, Agencia pública de urbanismo e infraestructuras (1998-2006). También ha participado en proyectos de transformación y desarrollo urbanístico para las ciudades francesas de Nîmes, Marsella y para Sfax (Túnez). Actualmente desempeña la Dirección Técnica del Consorcio para el desarrollo del Parque de Actividades Aeroespaciales y de la movilidad en Viladecans (Barcelona) y continúa participando en otros proyectos urbanísticos como el del Centro Direccional de Cerdanyola (Barcelona).

ISBN: 978-84-338-5030-0
NIPO: 503-09-073-2

INSTITUTO CERVANTES

Instituto
Cervantes
B e r l í n

Directora: Carmen Caffarel Serra
Secretaria General: Carmen Pérez Fragero Rodríguez de Tembleque
Director de Gabinete: Manuel Rico Delgado
Director de Cultura: Rufino Sánchez García

INSTITUTO CERVANTES BERLÍN

Director: Gaspar Cano Peral
Jefe de Actividades Culturales: Gonzalo del Puerto y Gil

www.cervantes.es
www.cervantes.de

Freie Universität Berlin
Fachbereich für Geschichts- und Kulturwissenschaften